침이 고이는 명작 속 음식 여행

요리 조리 세계사

침이 고이는 명작 속 음식 여행

요리 조리 세계사

손주현 글 ◆ 이희은 그림

책과함께 어린이

◆ 작가의 말

내가 삼킨 책이 맛있어질 때

'명작'이란 말을 들어 본 적이 있나요? 흔히 '이 작품은 명작이야.'라고 할 때 '이 작품'은 음악, 미술, 문학 등 여러 분야에서 만들어진 작품을 말합니다. 그 작품들을 '명작'이라고 말하는 것은 전 세계 어디서나 어느 시대나 공감하고, 감동을 느끼게 해 주기 때문이지요.

어린이들은 주로 동화를 통해 명작을 만납니다. 명작 동화라는 이름으로 수백 년 전 어린이들과 같은 감동을 느끼고 즐거움을 누리게 되지요. 흥미진진한 스토리, 나를 발견하게 해 주는 주인공, 다른 장소와 시대에 대한 호기심 등 감동과 재미를 느끼는 이유도 다양합니다. 그리고 어른이 되면 그때 느꼈던 감정을 하나의 대상으로 떠올리게 됩니다. 해리 포터 하나를 두고도 어떤 친구는 호그와트 성을 떠올릴 것이고, 어떤 친구는 마법 대결을, 또 어떤 친구는 신기한 동물을 떠올리겠지요.

음식을 좋아하는 저는 어떤 이야기든 음식으로 기억하곤 합니다. 이 책에 나오는 대로 해리 포터 하면 셰퍼드 파이가, 하이디 하면 염소젖과 치즈를 떠올리지요.

이 책에 나오는 책벌레는 어린 시절의 저입니다. 책을 실제로 찢어서 씹지는 않았지만 작품에 묘사된 음식이 책 밖으로 쏟아지기라도 할 듯 입을 오물거렸지요. 단순히 그 음식 맛이 궁금해서가 아니라 주인공을 둘러싼 세상이 궁금했기에 더 열심히 입을 오물거리곤 했지요. 어떤 것을 먹는지 알면 그 사람이 살던 시대, 나라, 기후, 역사까지 알 수 있으니까요. 그래서 주인공이 먹는 음식에 대해 알고 책을 읽으면 더 깊게 더 풍성하게 책 읽기를 즐길 수 있답니다.

다들 동화는 유통 기한이 없다고 말합니다. 어른이 된다고 그만 읽는 것이 아니라는 뜻이지요. 제가 어른이 되어도 동화에 손이 가는 이유는 어릴 때 맛있게 읽었던 경험 때문입니다. 여러분도 이 책을 발판 삼아 어떤 책이든 다시 펼치고 오물오물 씹고 또 씹으며 그 책만의 맛을 충분히 느껴 보시기 바랍니다.

손주현

◆ 차 례

작가의 말 — 4

프롤로그 책을 먹어 치우는 아이 — 8

해리 포터 — 12
영국 사람들이 사랑한 셰퍼드 파이와 크리스마스 푸딩
양고기가 만든 세계사, 산업 혁명

알프스 소녀 하이디 — 32
스위스 산간 지방에서 먹던 검은 빵과 퐁듀
빵이 만든 세계사, 미친 빵 소동과 흑사병

15소년 표류기 — 50
선원들의 저장 음식, 콘비프와 염장 대구
염장 대구가 만든 세계사, 새로운 항로 개척

빨간 머리 앤 — 70
손님을 맞이할 때에는 과일 절임과 케이크
설탕이 만든 세계사, 노예 무역

초원의 집 — 88
서부 개척 시대를 말해 주는 베이컨과 버터
버터가 만든 세계사, 종교 개혁

삐삐 롱스타킹 — 108
북유럽의 독특한 청어 요리, 청어 초절임 샌드위치
청어가 만든 세계사, 네덜란드의 세계 제패

호첸플로츠 — 124
독일 사람들의 짝꿍 음식, 소시지와 양배추 절임
양배추가 만든 세계사, 쿡 선장의 항해

찰리와 초콜릿 공장 — 144
달콤한 맛 쌉싸름한 역사, 초콜릿
초콜릿을 둘러싼 세계사, 아메리카 정복

에필로그 이젠 책을 먹지 않겠어 — 160

◆ 프롤로그

책을 먹어 치우는 아이

나는 책벌레다. 상상력이 부족한 친구들은 이 별명을 듣고 나를 그저 책을 좋아하는 샌님 정도로 생각할지도 모른다. 하지만 그리 단순하지가 않다. 나는 책을 읽는 것도 좋아하지만, 어떤 책은 진짜로 갉아 먹는다. 왜냐고? 맛이 너무너무 궁금하기 때문이다. 이 소리를 들으면 누군가는 또 책이 그냥 종이 맛이지 뭐가 그리 궁금하냐고 할지 모르겠다.

내가 궁금해하는 맛은 종이 맛이 아니다. 나는 책 속에 나오는 음식 맛이 궁금하다. 나에게 책은, 그것도 이야기책은 세상의 모든 부엌이고 식당이다. 이야기책을 읽다 보면 그 속에 나오는 음식들이 내 앞에 펼쳐지면서 냄새가 내 콧속으로 침입한다. 침이 꼴깍꼴깍 넘어가기 시작하고, 정신을 차려 보면 나도 모르게 책을 조금씩 뜯어 먹고 있다.

정말 궁금하다. 책 속의 음식이 어떤 모양인지, 어떻게 만들어졌는지. 그걸 알 수만 있다면 종이를 뜯어 먹는 염소 흉내는 끊을 수 있을 텐데…….

그러던 어느 날 밤이었다. 그날도 몰래 책을 뜯어 먹다 잠이 들었다. 뭔가 펑 터지는 소리에 눈을 떠 보니 이상한 노인 둘이 서 있었다. 올록볼록한 얼굴을 한 노인이 물었다.

"네가 그 책벌레냐?"

"다들 그렇게 불러요. 할아버지들은 누구세요?"

"나는 부엌을 관장하는 부엌 신이다. 여긴 책을 관장하는 서재 신이고."

서재 신이란 노인은 네모반듯하게 생겼는데 알 듯 말 듯한 표정을 하고 있었다.

"신이요? 에이, 그런 게 어디 있어요."

"녀석, 음식이 나오는 책이란 책은 다 뜯어 먹는 너 같은 녀석도 있는데 신이라고 왜 없겠냐!"

"그렇다고 치고, 저에게 무슨 볼일이시죠?"

"네가 하도 책을 뜯어 먹어 남아나는 책이 없다고 서재 신이 하소연을 하더구나."

서재 신이 나를 노려보고 있었다. 나는 기어들어 가는 목소리로 물었다.

"서재 신이라고요? 제가 책을 뜯어 먹어서 화가 났나요?"

"당연하지! 그럼 좋겠냐? 내 소중한 책이 모두 사라질 판인데. 책을 먹는다고 배가 부르지는 않을 텐데 왜 그런 짓을 하누?"

"저도 답답해요. 이런 제 마음은 아무도 모를걸요?"

내가 짐짓 불쌍한 척을 하자 부엌 신이라는 할아버지가 웃으며 말했다.

"나는 알 것도 같다. 궁금해서가 아니더냐?"

"어떻게 알았어요? 맞아요, 정말 궁금해요. 책에는 늘 맛있는 음식이 나와요. 그런데 글자로만 되어 있으니 도통 무슨 맛인지 짐작도 할 수 없어요. 모양도, 어떻게 만드는지도 궁금해 미치겠어요."

"책을 먹어 보면 혹시나 알 수 있지 않을까 싶었구나. 또 무엇이 더 궁금한고?"

"그 음식은 누가 왜 먹었는지도 알고 싶어요. 어떤 원리로 만들어지는지도요."

이번에는 서재 신이 물었다.

"그걸 알려 주면 책을 그만 먹을 테냐?"

"당연하죠!"

부엌 신은 냄비 여덟 개를 준비했다. 그러고는 나에게 가장 먹고 싶은 책 여덟 권을 골라 오도록 했다. 부엌 신은 그 책을 냄비 안에 하나씩 넣었다.

"이제 냄비 뚜껑을 하나씩 열어 보아라. 열 때마다 이야기 속 음식에 대해 설명이 나올 것이야. 실컷 침을 흘려 보려무나. 오늘 이후로 다시는 책을 먹는 일이 없어야 할 것이야."

말을 마친 부엌 신이 어디론가 사라졌다.

나는 첫 번째 냄비로 다가가 조심스럽게 뚜껑을 열어 보았다. 냄비 속에서 책이 스르륵 올라왔다. 너무 많이 뜯어 먹어 너덜너덜 해진 책이었다.

차르륵 책장이 넘어가더니 그 속에서 말소리가 들려왔다. 나는 무슨 소리인가 싶어 귀를 가져다 댔다. 쨍그랑, 쨍쨍! 수저와 포크가 접시에 부딪히는 소리와 아이들의 떠드는 소리가 들려왔다. 귀를 더 쫑긋 세우고 책에 더 가까이 대자 소리가 점점 커졌다.

해리 포터

첫 번째 이야기는 〈해리 포터〉 시리즈야.
21세기 들어서 가장 유명한 이야기책이지.
전 세계에 예순일곱 개 언어로 번역되었을 정도니까.
이 책을 읽다 보면 온전히 책을 내려놓기 힘들다는 것을
너도 알 거야. 너처럼 뜯어 먹지는 않더라도
줄줄 흐르는 침을 주체 못 해서
책을 망가뜨리기 일쑤거든.
얼마나 맛있는 것이 나오기에 그런지 알아볼까?

줄거리

〈해리 포터〉 시리즈는 영국 작가 J. K. 롤링(Joanne Kathleen Rowling)이 쓴 판타지 동화이다. 책이 출간될 때마다 서점 앞에서 기다리는 아이들로 넘쳐 날 정도로 인기가 많아 영화로도 만들어졌다.

이마에 번개 모양 흉터가 있는 해리 포터는 부모님이 안 계셔 이모 집에 맡겨지지만 이모부와 사촌의 구박을 받으며 살아간다. 해리 포터의 열한 번째 생일날, 사냥터지기 해그리드가 나타나 놀라운 이야기를 전한다. 해리의 부모가 마법사였고, 해리 역시 마법사의 길을 가게 될 거라는 이야기였다. 해리 포터는 해그리드를 따라가 호그와트 마법 학교에 입학하게 된다. 거기서 론, 헤르미온느와 친구가 되고 마법을 배우며 즐거운 학교생활을 한다. 시리즈 전체 내용은 해리 포터가 마법 학교에서 마법을 배우며 해마다 실력을 쌓아 가고, 이를 통해 세상을 집어삼키려는 악의 화신 볼트모트에 대항해 싸우는 모험으로 이루어져 있다. 해리 포터가 한 학년 동안 겪은 일이 하나의 시리즈로 엮여 있다.

영국 사람들이 사랑한
셰퍼드 파이와 크리스마스 푸딩

크리스마스면 당연하게 즐기는 음식

〈해리 포터〉 시리즈는 영국을 배경으로 하는 만큼 다양한 영국 음식이 등장해. 그중에서 영국의 크리스마스 만찬을 소개할까 해. 크리스마스는 서양 사람들의 최대 행사라 어느 나라에서나 성대한 만찬을 열지만, 먹는 음식은 저마다 달라.

다음은 해리 포터가 마법 학교에 입학한 그해에 모든 사건이 끝나고 승리를 축하하기 위해 열린 크리스마스 만찬이야.

> 해리는 어안이 벙벙했다. 눈앞에 있는 큰 접시에 먹을 것이 가득했다. 해리가 먹고 싶은 음식만 이렇게 많이 모아 놓은 테이블을 본 적도 없다. 로스트비프, 로스트 치킨, 포크 촙, 램 촙, 소시지, 베이컨, 스테이크, 삶은 감자, 구운 감자, 프렌치프라이, 요크셔푸딩, 콩, 당근, 그레이비, 케첩, 그리고 박하캔디.
> -《해리 포터와 마법사의 돌》 중에서

19세기 무렵 영국은 세계 여러 나라를 식민지로 삼으며 부자 나라가 되었어. 하지만 이 땅의 음식인 로스트비프, 요크셔푸딩, 그리고 여기에 나오진 않지만 다른 책에서 해리가 가장 좋아한다고 했던 트리클 타르트 등은 이름만 요란스럽지 만드는 과정이나 재료는 무척 소박하단다. 그래도 이름이 어찌나 멋들어지는지 이 장면이 나올 때면 침을 흘려 가며 책을 읽는 사람들이 아주 많아. 너희만 그러는 거 아니니까 안심해도 좋다는 말이야.

주변 나라들은 특히 영국 음식을 소박하다고 생각하는 것 같아. 영국은 유럽 맨 왼쪽에 놓인 섬나라야. 근처에 위치한 프랑스, 스페인, 이탈리아는 서로 자기네 음식이 세계 최고라고 싸우곤 한단다. 그 경쟁에 영국은 절대 끼워 주지 않지. 오히려 비아냥대기 일쑤라니까. 오죽하면 이런 말이 있어.

'영국 사람들은 양을 두 번 죽인다. 한 번은 요리하려고 죽이고 또 한 번은 요리해서 죽이고.'

무슨 말인고 하니, 요리를 하려고 죽였는데 그 요리가 너무 맛없어서 제 역할을 못하니 다시 한 번 죽인다는 뜻이지. 영영 구제할 수 없을 정도로 만들어 버리는 것을 두 번 죽인다고 하잖아.

하지만 해리 포터는 누가 뭐래도 자기 나라 음식이 최고라고 생각할 거야. 사람은 누구나 자신이 먹고 자란 음식들을 좋아하는 법이니까. 해리 포터가 좋아한 영국 음식들로 식탁을 차린다면 바로 이런 모습이야. 오른쪽에 있는 식탁을 보렴.

재료 몽땅 넣기, 셰퍼드 파이

앞에서 여러 음식을 보았지만 영국 대표 음식은 뭐니 뭐니 해도 셰퍼드 파이일 거야. 셰퍼드 파이는 해리 포터가 기숙사에서 처음 맞은 크리스마스 만찬 장면에서 등장해. 이 파이는 어떤 음식일까? 셰퍼드 파이가 등장하는 대목을 먼저 볼까?

fish & chips

피시 앤 칩스 (Fish and Chips)
생선과 감자를 튀긴 요리야. 섬나라에서 싼 재료인 생선에 심기만 하면 잘 자라는 감자를 더했어. 그래서 가난한 영국 노동자의 대표 음식이라고 부른단다.

로스트비프 (Roast beef)
소고기를 덩어리째 오븐에 구워 얇게 썰어 먹는 요리야. 영국인들이 좋아하는 요리 1위로 뽑힐 정도로 인기가 많아.

트리클 타르트 (Treacle tart)
지금도 영국에 가면 '해리 포터가 사랑하는 타르트'라고 이야기하는 걸 들을 수 있지. 당밀시럽에 레몬즙을 넣고 만든 디저트 파이야.

랭커셔 핫팟 (Lancashire hotpot)
일하느라 바쁜 사람들이 재료마다 굽고 튀기긴 힘들었지. 그래서 로스트비프가 나오기 전에는 이렇게 고기와 채소를 모두 넣고 푹 찌는 방식으로 조리했어.

해기스 (Haggis)
순대처럼 생긴 이 요리는 양이나 돼지의 내장에 다진 고기와 채소, 돼지나 양의 피를 넣고 찐 음식이야.

요크셔푸딩 (Yorkshire pudding)
로스트비프를 만들 때 생기는 기름을 모았다가 밀가루와 섞어 구우면 부풀어 올라. 영국 사람들이 고기와 곁들여 즐겨 먹었단다.

> 해리와 론은 고개를 푹 숙이고 연회장 깊숙한 곳으로 들어갔다. 헤르미온느는 '학교 규칙을 어기더니 꼴좋다.' 하는 표정이었다. 해리는 셰퍼드 파이를 생각만큼 맛있게 먹지 못했다.
>
> – 《해리 포터와 비밀의 방》 중에서

그런데 셰퍼드 파이(Shepherd's pie)라고 하니 셰퍼드 개를 파이로 구웠다고 생각하는 친구들도 있더라? 너희가 아는 셰퍼드는 '셰퍼드 독(Shepherd dog)'을 줄인 말이야. '셰퍼드'는 양을 치는 사람, 즉 목동을 가리키는 말이고. 그러니까 셰퍼드 파이란 개 파이가 아니라 양치기 파이인 셈이지. 그럼 양 치는 사람을 파이로 구웠냐고? 아니! 그럼 너희들이 자주 먹는 '할머니 보쌈'은 할머니를 보쌈으로 만들었니? 셰퍼드 파이란 양치기가 만든 파이라는 뜻이란다. 정확히는 양치기 부인이 처음으로 개발한 파이라서 그런 이름이 붙었지.

이 파이를 구워 먹기 시작한 때는 1600년대, 그러니까 17세기야. 영국에서 양을 한창 많이 치던 시대지. 하루는 어느 양치기 부인이 양을 몰고 돌아올 남편을 위해 저녁을 준비하려고 했어. 오늘따라 늘 같은 음식만 내놓는 것이 민망했던지 새로운 음식이 없을까 고민했지.

하지만 가지고 있는 재료는 뻔해. 양을 치는 집이라 양고기가 많을 것이고, 시골이다 보니 부인이 텃밭을 일궈 키운 감자나 콩 등 흔한 채소가 다야. 마침 어제 쪄 먹거나 끓여 먹고 남은 재료들이 있네? 양고기 조각들, 감자, 당근, 콩……. 그래, 몽땅 잘게 잘라 그릇에 붓자. 그리고 치즈를 얹은 다음 오븐에 쏙!

다 익은 뒤에 꺼내 먹어 보니 케이크도 아닌 것이, 고기구이도 아닌 것이 여간 고소하고 맛나지 않더란 말이야. 그 뒤로 양치기 부인은 재료만 남으면 몽땅 쓸어 넣고 파이를 구웠어. 셰퍼드 파이는 이렇게 탄생한 거야. 만들기 쉬운 데다 맛은 어찌나 좋았던지 셰퍼드 파이 만드는 방법이 금세 이웃으로 퍼졌어.

이웃 마을의 한 부인은 평범한 농사꾼 부인이야. 그러니 집에 양고기는 별로 없지. 대신 엊그제 더 이상 일할 수가 없게 된 늙은 소를 잡은 덕분에 소고기가 있네? 이 부인은 파이를 만들 때 먹다 남은 소고기를 넣었어. 그랬더니

셰퍼드 파이 만드는 방법

① 양고기를 다져서 양파, 당근 등과 볶아 그릇에 담는다.

② 그 위에 으깬 감자와 콩 등을 얹는다.

③ 치즈를 솔솔 뿌려 준다.

④ 오븐에 넣고 구워 주면 완성!

이게 또 그렇게 맛이 좋아.

　사람들은 이 파이를 시골 오두막집에서 만들어 먹었다고 해서 오두막집이라는 뜻의 '코티지(Cottage)'란 이름을 붙였어. 코티지 파이(Cottage's pie)는 바로 남은 소고기와 채소들을 몽땅 두드려 넣고 구운 파이를 가리키지. 셰퍼드 파이와 코티지 파이는 고기를 갈아 넣어 만두처럼 구워 낸 '민스파이'와 함께 영국의 대표 파이이자 고기 파이 삼총사야.

♣ 이 파이가 그 파이야?

보통 '파이' 하면 '호두 파이', '사과 파이'처럼 달콤하고 바삭한 것이 떠오를 거야. 하지만 파이는 원래 과일과 설탕을 듬뿍 넣은 후식이나 간식이 아니었단다. 파이의 원조는 고기와 채소를 넣어 만든 거야. '파이(Pie)'라는 이름 자체가 '맥파이(Magpie)'에서 왔다는 말이 있어. 맥파이는 우리말로 하면 '까치'야. 까치는 이것저것 물어다 모으는 습성이 있지. 까치가 이것저것 모으듯 고기, 생선, 감자, 양파 등을 모아 넣은 음식이란 뜻에서 맥파이라고 불렀다가 오늘날 파이가 된 거야.

코티지 파이　　셰퍼드 파이　　민스파이
사과 파이　　호두 파이

양치기와 농부 부인들이 해 먹던 셰퍼드 파이나 코티지 파이는 나중에 영국 기숙사 단골 메뉴가 되었어. 남은 재료를 처리하기도 좋고 만들기도 쉬워서야. 해리 포터도 호그와트 기숙사에서 셰퍼드 파이를 자주 먹었지. 어떤 사람은 셰퍼드 파이만 봐도 기숙사의 힘든 생활이 떠올라 싫다고 하지만, 아마 해리 포터에게는 늘 반가운 음식이었을 거야. 호그와트 기숙사는 괴롭던 이모 집 대신 집다운 집이 되어 준 편안한 곳이었으니까.

프랑스 미식가 브리아 사바랭이란 사람은 이런 말을 하기도 했어.

"네가 먹은 것을 알려 주면 네가 누구인지 알려 주마."

무슨 뜻인고 하니, 만약 옛날에 누가 셰퍼드 파이를 지겹도록 먹었노라고 말했다면, 그 사람은 영국 사람이고 양치기거나 그 가족일 확률이 높다는 거야. 요즘 사람들 중에서 누군가 그런 말을 한다면 그 사람은 영국에서 기숙사 생활을 오래하지 않았을까 추리가 가능하지. 먹는 것으로 그 사람을 알 수 있다는 것은 참 신기한 것 같아.

기다리는 행복, 크리스마스 푸딩

크리스마스 만찬에는 셰퍼드 파이 말고도 빠질 수 없는 음식이 또 하나 있어. 바로 크리스마스 푸딩이야. 《해리 포터와 비밀의 방》을 보면 해리 포터와 론이 크리스마스 푸딩을 세 접시나 먹어 치우는 장면이 나오지.

> 서리가 덮인 십여 개의 크리스마스 트리와 천장을 가로지르는 서양호랑가시나무, 겨우살이의 두꺼운 장식 리본까지, 그리고 천장에서는 마법에 걸린 눈

이 떨어지고 있었는데, 따뜻했으며 물기도 없었다. (중략) 해리와 론이 세 접시째의 크리스마스 푸딩을 먹어 치우자 헤르미온느가 그들을 연회장 밖으로 데리고 나가 그날 저녁의 계획을 다시 한 번 일러 주었다.

-《해리 포터와 비밀의 방》중에서

크리스마스 푸딩

'푸딩'은 천을 깔고 찐 음식에 붙이는 이름이야. 그래서 영국 사람들은 푸딩에서 빨래 냄새가 난다고 말하곤 해. 우리는 푸딩 하면 흔히 과일즙이나 커스터드 크림으로 만든 말랑한 후식을 떠올리지. 하지만 영국 사람들은 밀가루와 고깃기름을 넣고 쪄서 만든 푸딩을 주식으로 먹었단다. 앞서 본 '요크셔푸딩'도 그중 하나야.

그런데 크리스마스 푸딩은 고깃기름과 밀가루 외에도 과일이 들어간 특별한 푸딩이야. 만드는 과정을 보면 '영국 사람들은 크리스마스를 참 애타게 기다리는구나.' 하고 생각하게 될 거야. 왜냐하면 장장 두 달 넘게 준비해야 하는 음식이거든.

좀 더 자세히 말하자면 이래. 먼저 견과류와 과일 껍질과 과일들을 럼주에 담가 둬. 한 달쯤 지나면 과일과 견과류가 럼주에 불어서 흐물흐물해져. 여기에 밀가루와 달걀노른자, 아몬드, 건포도, 소고기 기름을 넣고 반죽을 하지. 이 반죽을 찜기에 넣고 여덟 시간 이상 쪄야 해. 다 찐 것은 다시 3주 이상 차가운 곳에서 식혀 둔단다. 만드는 데만 거의 두 달이 걸린 슬로우 푸드의 대표 주자가 아니고 뭐겠어. 정말 인내와 철저한 준비성 없이는 만들 수 없는 음식이 크리스마스 푸딩이야.

먹기 전에도 과정이 하나 더 남아 있어. 푸딩 위에 불을 붙이는 거야. 럼주 때문에 파란 불이 붙는데, 불어서 끈 뒤에야 입으로 넣게 되지.

한편, 반죽을 할 때면 집안 아이들이 모두 모여 같이 재료를 저으면서 소원을 비는 풍습도 있었대. 반죽에는 은화를 넣었지. 크리스마스 푸딩을 먹다가 은화를 발견하는 사람은 부자가 된다는 말이 있었거든. 하지만 은화를 깨물거나 삼키는 불상사가 자주 생기는 바람에 요즘에는 안 넣는다고 해.

양고기가 만든 세계사, 산업 혁명

영국인의 고기 사랑

앞서 본 영국 대표 음식들을 떠올려 봐. 로스트비프, 셰퍼드 파이, 코티지 파이 등 모두 고기로 만든 음식이지? 영국 사람들은 고기를 아주 좋아해. 그중에서도 특히 소고기를 좋아하지.

예전에는 부잣집 하인들을 '소고기를 먹는 사람(Beef eater)'이라고 불렀대. 부잣집 하인들 정도는 되어야 소고기를 먹을 수 있었나 봐. 그러다가 그 별명은 런던 탑을 지키는 수비대에게 넘어갔어. 월급 대신 소고기와 맥주를 받았기 때문에 그렇게 불렀다지 뭐야. 소고기를 월급 대신 받다니! 얼마나 귀하고 중요한 것이면 그랬겠어. 영국 사람들의 소고기 사랑은 정말 대단한 것 같아.

하지만 소고기는 좋아한다고 누구나 쉽게 먹을 수 있는 게 아니었어. 부자들이나 아무 때고 고기를 사서 먹고 싶은 대로 만들어 먹었지. 가난한 사람들은 어쩌다 국물에 넣고 푹 끓이거나 삶은 것만 먹을 수 있었단 말씀이야.

왜 그랬겠어? 가난한 사람들에게 소는 너무나 귀한 재산이었어. 소가 있어야 농사를 지을 수 있고 우유도 얻을 수 있으니까. 소가 늙어 더 이상 쓸모가 없어지면 그제야 소를 잡는 거야. 그러니 고기가 얼마나 질겨. 동물의 근육은 나이가 들수록 질겨지거든. 이런 고기로는 오랫동안 삶고 끓이는 스튜 같은 국물 요리밖에 할 수 없었어.

그러다 영국 사람들이 고기를 마음껏 먹을 수 있는 사건이 생겼어. 소고기가 아닌 양고기였지만 말이야. 영국 사람들로 하여금 양고기를 실컷 먹을 수 있게 한 이 사건을 '인클로저 운동'이라고 불러. '인클로저'란 울타리를 친다는 뜻이야. 양털을 수출해서 돈을 벌 수 있게 되자 너도나도 양을 키우려고 울타리를 치면서 벌어진 운동이지.

양이 사람을 먹어 치운다

영국은 산보다 평지가 많아. 드넓은 초원이 있어 양들을 키우기 적당하지. 처음에는 양털을 영국 안에서 사고팔아 소소하게 돈을 벌었어. 그러다 수출까지 하게 되었는데, 생각지도 않은 많은 돈이 들어왔어. 이웃 나라 독일이나 프랑스는 추운 겨울을 지내기에는 양털로 짠 천이 늘 부족했거든. 숲이 많아 양을 키우기 힘들었으니까.

여기에 1700년대에 영국 정부가 공업과 상업을 주요 산업으로 삼으면서 세금을 깎아 주고, 공장을 세울 때 혜택을 주는 등 제도를 만들었어. 덕분에 기업들은 양털을 더 많이 생산하고, 더 쉽게 내다 팔 수 있게 되었어. 결과적으로 영국의 양털이 유럽 대륙으로 날개 돋친 듯 팔려 나가게 된 거야.

양털이 돈이 된다는 것을 알게 된 사람들은 더 많은 양을 키우게 되었어. 그중에는 양을 키운 적 없던 땅 주인들도 있었어. 이러한 지주들의 땅에서는 이미 다른 농민들이 농사를 지으며 살고 있었지. 그 농민들은 오래전부터 지주의 할아버지의 할아버지에게 그 땅을 싼값에 빌렸거나, 어차피 버려진 땅이라 내 땅이려니 하며 농사를 지어 먹고살고 있었거든.

지주들은 버린 땅에 새삼스러운 애정을 보이면서 농부들에게 이 땅이 자기 땅이라는 것을 명확하게 알렸어. 어떻게 알렸냐고? 앞으로 키우게 될 양을 가두어 놓을 겸 누가 봐도 내 땅이라는 것을 알릴 겸 울타리를 쳤지. 그러고는 그 안에서 엄청나게 많은 양을 키우기 시작했어. 당시 영국 곳곳은 사방에 울타리 친 땅들로 넘쳐났대. 지주들은 자기 땅에서 농사짓던 농민들을 다 쫓아 버린 뒤 양

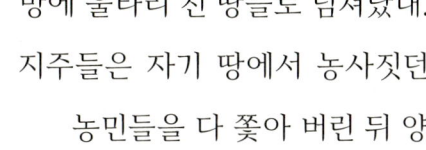

치기를 데려다 놓았어. 농민들에게 땅을 빌려줘서 농사를 짓게 하면 소작료나 받고 끝이었는데, 양치기 한 명만 고용해서 양을 키우면 해마다 양털로 큰돈을 벌 수 있으니 훨씬 이익이었지. 지주 한두 명이 그렇게 해서 돈을 버니 너도나도 소작농을 쫓아내고 양을 키웠어. 이제 그 땅은 양들이 차지하게 된 거야.

그래서 영국의 정치가 토마스 모어라는 사람은 이 사건을 두고 '양들이 사람을 먹어 치운다'고 표현했대. 양을 키우겠다고 하루아침에 농부들의 터전을 뺏고 쫓아냈으니 그런 말이 나올 만도 하지.

아무튼 그렇게 해서 엄청나게 많아진 양들의 털을 깎고 또 깎은 뒤, 어느 정도 나이가 든 양은 고기가 되었어. 완전히 늙지 않은 양들도 다치기라도 하면 잡아먹었고. 그렇게 물량이 많아진 양고기가 소고기를 밀어내고 영국인들의 식탁을 차지하게 되었지. 처음 셰퍼드 파이를 만든 것은 양치기 부인이었지만, 양고기가 워낙 흔해지다 보니 금방 퍼져서 누가 진짜 원조라고 말하기 힘들 정도라고나 할까.

산업 혁명을 부른 양고기

인클로저 운동으로 양치기는 살아남았다고 치고, 그럼 그 땅에서 농사를 짓던 농부들은 어떻게 되었을까? 먹고살 터전을 잃었지만 어떡하든 살아야 하니 일자리를 찾아 도시로 나와야 했지.

당시 도시에는 작은 공장들이 많았어. 공장 주변에는 늘 일을 찾아 떠도는 사람들로 가득해서 돈을 조금만 주어도 얼마든지 일을 시킬 수 있었어.

공장에서는 좁은 공간에 수많은 사람들이 빽빽이 들어앉아 양털이나 목화솜에서 실을 뽑거나, 뽑은 실로 천을 짰지. 일할 사람이 많으니 공장이 더 잘 굴러갔겠지.

그러자 양털 대신 양털로 짠 천을 수출하는 게 더 이익이 되었어. 여기에 목화로 짠 면직물도 만들어 내놓으니 참 잘 팔리더란 말이지. 때마침 기계 발명이 활발히 이루어졌어. 실을 뽑는 기계인 방적기, 천을 짜는 역직기가 발명되었지. 사람 손으로 하나하나 실을 뽑고 짜는 대신 기계로 빠른 시간에 엄청난 양을 생산할 수 있게 된 거야.

증기 기관은 어떻고? 증기 기관이란 석탄으로 물을 끓여 에너지를 만들어 내는 장치야. 증기 기관이 사용되며 한꺼번에 더 많은 면직물을 만들 수 있게 되었어. 또 옛날에는 사람이나 동물의 힘으로 일하고 움직였다면 증기로 엄청난 에너지를 만들어 기차, 배들이 빨리 다닐 수 있게 되었지. 교통수단이 발달하니까 더 많이, 더 빨리 팔 수 있게 되어 더 많은 돈을 벌 수 있게 된 거야.

증기 기관

일할 사람 있지, 기계 있지, 양털이란 원료 풍부하지, 인클로저 운동으로 양을 대량으로 키우면서 다양한 분야가 쭉쭉 성장했어. 목축업만 발달한 것이 아니라 공업도 발달했고, 생산이 빨라져 판매도 활발해지니 상업도 발달했어. 이런 변화는 19세기에 영국이 세계에서 가장 잘사는 나라가 되는 데 밑거름이 되었지. 이렇게 영국에서 시작된 산업의 획기적인 변화를 산업 혁명이라고 불러. 혁명이란 정말 큰 계기로 이전 세상과는 완전히 달라지는 것을 말해. 인류가 먹고 사는 문제에서 역사상 혁명이 두 번 있었는데, 첫 번째는 여기저기 돌아다니다 농사를 짓고 가축을 기르면서 정착 생활을 하게 된 신석기 혁명이고, 두 번째가 바로 산업 혁명이야. 그러니 양고기가 역사에 얼마나 대단한 영향을 미쳤는지 알 수 있겠지?

♣ 산업 혁명

산업 혁명이란 1700년대 중반 이후부터 1800년대에 공업, 농업 등의 산업 부분에서 일어난 엄청나게 큰 변화를 가리킨다. 그 변화란 이전에는 대부분 사람의 힘으로 농사를 짓고, 집에 혼자 혹은 몇몇이 모여 천이나 옷 같은 생산품을 만들었던 것이 기계가 발명되며 빠른 시간에 많은 생산품을 만들어 내는 형태로 바뀐 것을 말한다.

결국 공업과 상업이 발달해서 부자가 된 사람이 많아졌어. 하지만 노동자들은 반대로 더 살기 힘들어졌어. 사람의 손으로 하던 일을 기계가 모두 대신하니까 공장 주인 입장에서는 사람을 많이 쓸 필요가 없어졌거든. 그러니 그 많던 노동자들이 쫓겨나 살길이 막막해졌어.

사람들은 황당해졌지. 아주 사소한 일이라도 시켜 달라고 애원해야 했으니까. 대신 월급은 반만 받겠다고 했지. 주인 입장에선 손해는 아니었지만 별로 구미가 당기지 않았어. 이미 기계가 수십 년 훈련받은 기술자보다 더 잘해냈기 때문이야. 노동자가 월급을 반의 반만 받는다고 해도 공장 주인들은 고개를 저었어.

노동자들은 할 수 없이 자신들은 그만두고라도 굶고 있는 어린애들이라도 써 달라고 했어. 빵 한 조각 값만 주고 말이지. 공장 주인은 이제 구미가 당겼어. 큰 기술이 필요 없어진 공장에서도 바닥을 쓸고, 기계를 닦는 일손은 필요했거든. 이제 집집마다 아빠는 일자리가 없어 놀고 일고여덟 살 먹은 아이들이 공장에 나가 일을 했어.

일자리를 뺏긴 노동자들은 기계가 미웠어. 잘 살고 있었는데, 이놈의 고철 덩어리들 때문에 굶어 죽게 생겼거든. 어느 날 노동자들은 공장에 몰려가 기계를 부쉈어. 하지만 무슨 소용이야, 기계를 부순 사람만 경찰에게 끌려가고 공장 주인은 새 기계를 사들였는데. 아무리 감옥에 가두어도 노동자들은 이 공장 저 공장의 기계를 계속 부셨어. 정부는 드디어 법을 새로 만들었지. 누구든 공장 기계를 부수는 사람은 사형!

나중에 많은 시간이 흘러서야 노동자들 대우가 이대로는 안 되겠다는 생각이 싹트기 시작했어. 산업이 발달하고 의식이 성장하여 노동자들에 대한 처우가 서서히 변화한 거야. 하지만 그 전까지 노동자들은 엄청난 고난의 세월을 보내야 했지.

그러니 양 덕분에 누구는 행복해지고, 다른 누구는 슬퍼졌다고 해도 과언이 아니야. 이런 말이 있어. 음식에는 세상일이 담겨 있다고. 잘 살펴보니, 영국 양고기 요리에도 이런 세상사가 담겨 있지 뭐야.

크리스마스 푸딩을 더 맛있게!
《크리스마스 캐럴》과 《마더 구스, 아서왕》

이렇게 먹음직스러운 거위는 처음이었다. 식구들은 저마다 거위의 연한 살과 고소한 향기와 엄청난 크기와 저렴한 가격에 경탄을 마지않았다. 사과 소스와 으깬 감자까지 곁들어지니 성찬이 따로 없었다. (중략) 와! 저 모락모락 피어오르는 김을 보라. 크래짓 부인은 푸딩을 가마솥에서 꺼냈다. 빨래하는 날에 나는 냄새가 났다. 크래짓 부인이 푸딩이 담긴 접시를 들고 방으로 들어왔다. 얼굴은 발갛고 입은 자랑스러운 미소를 머금고 있었다. 대포알처럼 단단한 알록달록한 푸딩 주위로 브랜디가 훨훨 타오르고 있었고 푸딩 위에는 크리스마스를 상징하는 호랑가시나무 가지가 꽂혀 있었다.

- 《크리스마스 캐럴》 중에서

여기 또 다른 크리스마스 만찬이 벌어졌네. 여기에서 소개한 음식은 해리 포터가 좋아했던 크리스마스 푸딩이야. 이 작품은 찰스 디킨스가 쓴 《크리스마스 캐럴》이야. 온갖 인심을 잃고 살아가던 구두쇠 스크루지 영감에게 옛 동업자의 귀신이 나타나 그의 과거, 현재, 미래의 모습을 보여 주자, 스크루지 영감이 잘못을 뉘우치게 된다는 이야기야.

귀신이 스크루지 영감에게 현재 모습을 보여 주는 장면에서 스크루지의 비서 밥이 등장해. 스크루지 영감이 인정머리 없이 굴었는데도, 밥은 크리스마스 상차림 앞에서 스크루지 영감이 외롭게 지낼까 봐 걱정을 하지. 구두쇠 스크루지 영감은 이 정찬을 보며 어떤 기분이 들었을까? 가난하지만 가진 것에 만족하고 행복을 느끼는 밥을 보면서 스크루지 영감은 참으로 창피했을 거야.

밥의 가족들이 차린 식탁에는 거위 요리, 민스파이, 푸딩 같은 크리스마스에 딱 맞는 음식들이 차려져 있었어. 다들 푸딩을 보며 얼마나 행복해하는지 몰라. 푸딩을 식탁에 올리기 전에 호랑가시나무 가지를 꽂고 불을 붙이는 걸 보면, 이 음식은 분명히 크리스마스 푸딩이야. 이 음식을 만드는 과정을 아는 우리로서는 왜 크래칫 부인이 자랑스러운 미소를 머금고 있는지 알 수 있지.

크리스마스 푸딩이 나오는 또 다른 이야기를 하나 소개할게. 영국 사람들의 입에서 입으로 내려오는 동요나 말놀이를 '마더 구스'라고 하는데, 그중 '아서왕'이란 이야기 노래에 크리스마스 푸딩이 아주 잘 나와 있단다.

> 훌륭한 아서왕이 이 나라를 다스렸네.
> 그는 훌륭한 왕이었네.
> 그는 보리 세 포대를 훔쳐
> 그중 한 포대로 천(으로 감싼) 푸딩을 만들었다네.
> 왕은 천 푸딩에 말린 자두를 잘 깔고
> 손가락 두 개만 한 기름 덩어리를 넣었네.
> 왕과 왕비는 그것을 먹었네.
> 신하들은 옆에 서 있었네.
> 그리고 그날 밤 먹지 못한 것은
> 여왕이 다음 날 아침 구웠다네.
>
> -《마더 구스, 아서왕》중에서

아무리 맛있어도 신하들은 바라보게만 하고 자기들만 크리스마스 푸딩을 먹다니 왕과 왕비도 참 너무들 해. 그런데 한편으로는 얼마나 맛있으면 그럴까 싶어서 그 맛이 더 궁금해지곤 하지. 아무튼 놀며 배우는 동요에 등장할 정도니까 크리스마스 푸딩이 영국 문화를 대표하는 음식이라고 해도 과언은 아닐 거야.

알프스 소녀 하이디

두 번째 이야기는 유럽에서 가장 높은
알프스 산을 배경으로 한 《알프스 소녀 하이디》야.
아름다운 자연 속에서 자라는
해맑은 하이디의 모습을 보면 가슴 따뜻해지지.
그래서일까? 하이디가 즐겨 먹는 음식 맛을
상상하지 않을 수 없어.
1800년대 스위스 산골 사람들은 무엇을 먹었는지
하이디를 통해 만나 보자.

줄거리

1880년경 세상에 나온 《알프스 소녀 하이디》는 스위스 작가 요한나 슈피리(Johanna Spyri)가 쓴 동화이다. 자연을 사랑하는 하이디와 그 친구들의 이야기로, 지금까지도 전 세계에서 사랑을 받고 있다.

하이디는 일찍 부모를 잃어 알프스 산골에서 홀로 사는 할아버지에게 맡겨지지만 할아버지의 사랑을 받고 목동 페터와 우정을 나누며 행복하게 살아간다. 그러던 어느 날, 갑자기 이모가 나타나 하이디를 부잣집 저택으로 데려가 버린다. 걷지 못하는 병약한 소녀, 클라라의 말벗으로 하이디가 적당하다는 게 이유였다. 다행히도 하이디는 클라라와 둘도 없는 친구가 되고, 클라라 아버지와 할머니의 사랑도 받게 된다. 하지만 하이디는 도시 생활에 답답해하며 알프스 생활을 그리워하다 몽유병에 걸리고 만다. 클라라 아버지는 하이디를 가엽게 여겨 다시 할아버지에게 돌려보내 준다. 훗날 하이디를 만나러 알프스로 온 클라라는 알프스 자연 속에서 하이디와 할아버지의 보살핌으로 건강해져 마침내 걸을 수 있게 된다.

스위스 산간 지방에서 먹던 검은 빵과 퐁듀

산에서 구할 수 있는 최소한의 음식

스위스로 말하자면 지금은 시계를 비롯한 여러 제조업이 발달하여 세계에서도 손꼽히는 부유한 나라야. 하지만 하이디가 살던 1800년대에는 아주 소박한 나라였어. 국토 대부분이 산이거나 호수이기 때문에 농사지을 땅이 부족해, 산지에서 염소나 소를 키우는 사람들이 많았어. 그래서 채소나 과일은 드물었고, 우유와 염소젖을 마시거나 그것으로 만든 치즈가 식단의 전부였어.

《알프스 소녀 하이디》에서도 불에 구워 먹는 치즈, 짜서 바로 먹는 염소젖, 빵 등이 자주 나와. 하이디와 할아버지가 처음 만났던 장면에서도 이 음식들이 등장했는데 기억나? 바로 이 대목이지.

> 보글보글 끓기 시작하자 할아버지는 포크에 끼운 큼지막한 치즈를 이리저리 돌려 가며 노르스름하게 구웠다. (중략) 할아버지는 의자에 염소젖이 가득 담긴 사발과 노르스름하게 구운 치즈를 올려 빵과 함께 주었다.
> "이제 식탁도 생겼으니 먹어라."
> 하이디는 몹시 목이 마른 듯 사발을 들고 염소젖을 마시기 시작했다.
>
> –《알프스 소녀 하이디》 중에서

저 맛난 치즈와 염소젖이 없었다면 하이디는 처음 만난 무뚝뚝한 할아버지가 무서워서 벌써 도망갔을지도 몰라. 노르스름하게 구운 따뜻한 치즈가 하이디 마음도 녹여 준 거겠지.

지금이야 스위스에도 고기, 생선이나 채소 등 먹을거리가 다양하지만 하이디가 살았던 때는 사정이 달랐어. 서민들은 그런 것을 살 돈도 없거니와, 교통이 발달하지 않아서 산간 지방까지 가져오기도 힘들었어. 산에서 만든 치즈를 팔려면 일일이 지게를 이용해 산 아래로 날라야 하던 시절이었으니 말 다했지.

뷔를리(Burli)
겉을 딱딱하고 두껍게 구워 속이 마르지 않고, 오랫동안 두고 먹을 수 있게 한 스위스의 대표적 검은 빵이야.

퐁듀(Fondu)
치즈에 화이트 와인과 마늘 등을 넣고 녹여 빵이나 고기 등을 찍어 먹는 것으로 스위스 대표 음식이야.

감자 수프
감자를 잘게 채 썰거나 다져서 크림을 넣고 끓인 수프로, 감자가 농작물의 대부분인 지역에서 주로 먹었어.

키우던 소나 염소를 잡아먹으면 되지 않냐고? 그렇게 물을 수도 있겠지만 소나 염소를 먹어 버리고 나면 우유는 어디서 나며 치즈는 어떻게 만들겠어. 그러니 우유나 염소젖에 딱딱한 빵(뷔를리)을 적셔 먹거나, 치즈를 조금 곁들여 끼니를 해결했던 거지. 그나마도 부족해서 굶는 사람들도 많았어. 양치기 소년 페터처럼 남의 염소를 맡아 돌보며 살아가는 사람들은 쥐꼬리만 한 일당이나 받고 끝이었으니까.

빵과 치즈 말고 스위스에서 주로 먹던 음식은 수프, 퐁듀 등이야. 뜨끈한 수프야말로 추운 산바람에 언 몸을 녹이기에 제격이었지. 냄비에다 치즈를 녹이고 따뜻하게 먹는 퐁듀 역시 별미였어. 다음은 스위스 대표 음식으로 차린 식탁이야.

흰 빵
밀가루에 우유를 넣어 반죽하고 발효 과정을 두 번 거쳐 폭신하고 말랑말랑해. 먹기는 좋지만 비싸고 쉽게 상하지.

염소젖 치즈
염소의 젖으로 만든 치즈로, 소젖 치즈보다 덜 고소하지만 소화도 더 잘 되고 영양소도 풍부해.

치즈 수프
밀가루와 버터를 볶은 것에 치즈를 듬뿍 넣고 물을 부어 끓인 수프야. 추운 날씨에 몸을 녹여 준단다.

《알프스 소녀 하이디》를 읽은 사람들은 하이디가 구워 먹던 치즈는 어떤 치즈일까, 염소젖은 소젖과 맛이 어떻게 다를까 궁금해하곤 해. 또 하이디가 할머니에게 가져다드린 말랑말랑한 흰 빵은 도대체 어떻게 생긴 건지도 꼭 물어본단다. 치즈와 빵은 언제 생겨나서 어떻게 먹어 왔는지 알면 궁금증이 조금은 풀리지 않을까 싶어.

추운 겨울 산을 버티게 해 준, 스위스 검은 빵

앞에서 스위스는 산이 많고 평지가 적다고 했지? 긴 겨울 동안 날이 몹시 춥고 평지가 적어 농사를 짓기 힘드니까 산간 지방 사람들은 늘 먹을 것이 부족했어. 게다가 몹시 추운 겨울에는 산에 고립되기 일쑤였다고 해. 그래서 여름 동안 만들어 둔 빵과 치즈로 겨울을 버텨야 했어.

이런 지형적 특징 때문에 스위스 빵은 좀 특이했어. 당시 유럽에서는 부자가 아니면 대부분 딱딱한 검은 빵을 먹었는데, 유독 스위스 빵은 딱딱하고 질겼어.

기록에 따르면 스위스 산간 마을 사람들은 대부분 1년에 딱 두 번만 빵을 구웠대. 상상해 봐. 구운 지 6개월 된 빵이라니! 이건 유독 스위스 사람들이 바빴다는 뜻이야. 땅이 척박해서 농작물을 조금이라도 더 수확하려면 잡초도 더 뽑아야 하고, 거름도 더 주어야 하니까 그만큼 할 일이 많았지. 그러니 날마다 한가하게 빵이나 굽고 요리를 할 시간이 어디 있었겠어. 제대로 된 요리는 꿈도 못 꾸었지. 몇 달 전 한꺼번에 구워 둔 딱딱한 빵을 잘라 우유에 적셔 먹는 게 다였어.

반면에 클라라네 집에서는 희고 말랑한 빵을 먹었어. 하이디가 몰래 흰 빵을 모으는 장면이 나오는데, 생각나? 하이디는 이 흰 빵을 모아 페터 할머니에게 가져다드렸어.

"할머니 울지 마세요. 저 이제 다시는 떠나지 않을 거예요. 매일 할머니를 보러 올 거예요. 며칠 동안은 딱딱한 빵을 안 드셔도 돼요."
하이디는 바구니에서 흰 빵을 꺼내 할머니의 무릎에 올려놓았다.
"정말 좋은 선물을 가져왔구나!"
할머니는 무릎에 놓인 빵을 만지작거리며 말했다.

-《알프스 소녀 하이디》중에서

이 시대에 흰 빵은 하인들을 두고 사는 부자들이나 먹을 수 있었어. 흰 빵은 금방 상하니까 한꺼번에 많이 만들 수 없어서 매일 그날 먹을 것만 구워야했거든. 게다가 주재료인 흰 밀이 워낙 비쌌어. 페터 엄마는 왜 할머니에게 흰 빵을 구워 주지 않느냐고 원망하는 독자들이 가끔 있는데, 그건 다 이런 사정을 모르고 하는 소리야.

18세기까지만 해도 흰 빵은 굉장히 비싸서 백 명 중 너댓 명 정도만 먹었다고 해. 얼마나 귀하고 비쌌으면 '검은 손이 흰 빵을 먹게 한다.'라는 속담이 있겠어. 검은 손이란 힘들게, 열심히 일했다는 뜻이야. 정말 열심히 일해야 흰 빵처럼 비싼 것을 먹을 수 있다는 거지. 돌려 말하면 흰 빵을 먹을 만큼 부자가 되고 싶으면 노력하라는 말이야.

빵은 역사가 아주 오래된 음식이야. 최초의 빵은 아마도 누룽지 같은 모양이 아니었나 싶어. 신석기 시대에 사람들은 보리나 수수 같은 곡물을 발견하고는 식량으로 삼았어. 물에 타서 걸쭉하게, 그러니까 반죽에 가까운 모습으로 만들어 먹은 것으로 보여.

　시간이 흘러 큰 강을 중심으로 도시가 생겨나고 국가로 발전해 갔어. 문명이 시작되며 신분이 나뉘는 한편, 문자가 생기고 경제와 과학 등이 발달해 갔지. 그중 나일 강 유역에서 문명을 일으킨 이집트 사람들은 그동안 만들어 먹던 납작하고 딱딱한 빵을 색다른 맛과 모양으로 바꾸었어. 말랑하고 폭신한 것으로 말이야.

　어느 날, 한 이집트 제빵사가 깜박하고 반죽을 부엌에 두고 갔다가 다음 날 반죽 모양이 달라진 걸 알아챘어. 혹시나 해서 반죽을 구워 봤더니 속에 구멍이 뽕뽕 나 푹신하게 부푼 빵이 탄생하더래. 하루 사이에 반죽 속에 미생물이 생겨나 반죽을 분해시키는 발효가 일어났기 때문이야. 덕분에 이집트 사람들은 빵을 더 맛있게 즐기게 되었어. 그래서인지 피라미드 벽화를 보면 빵 굽는 모습이 참 많이도 그려져 있어. 이집트 사람들의 빵 굽는 기술은 고대 그리스와 로마를 거쳐 1000년이 넘게 흐른 뒤 중세 유럽에도 전해졌어.

　그렇다고 따끈하게 부푼 보드라운 빵을 아무나 먹을 수 있는 게 아니었어. 중세 유럽 이야기 좀 하자면, 각 지역을 다

스리던 영주들은 커다란 식탁에서 기사 수십 명과 지인들을 거느린 채 식사를 했어. 당시에는 기술도 부족하고 물자도 없었기 때문에 도자기 그릇이 아주 비쌌어. 도자기 그릇 말고는 금이나 은으로 만든 그릇밖에 없었지. 사람이 많이 모이면 이런 제대로 된 그릇에는 대접하기 어려웠어.

그래서 빵으로 그릇을 대신하는 걸 생각해 냈어. '트랑슈아(도마)'라는 딱딱하고 납작한 빵이었지. 여기에 고기 썬 것, 채소 익힌 것 등을 담아 주었대. 하지만 이것도 넉넉하지 않았는지, 혼자서 차지하고 먹질 못하고 두 사람당 하나를 놓고 같이 음식을 떠먹었어. 그릇 하나를 두고 같이 먹다 보면 두 사람은 친해질 수 밖에 없었지.

이런 문화는 동료, 동지란 말을 만들어 냈어. 바로 컴패니언(compaion)이란 말이야. 컴패니언은 '함께'를 뜻하는 컴(com)과 '빵'을 뜻하는 파니언(panion)이 합쳐진 말이야. 즉 동료란 '함께 빵을 먹는 사이'라는 뜻이란다. 정확히는 빵을 그릇 삼아 음식을 같이 먹던 사이라는 말이지. 우리나라에서도 밥을 같이 먹는 사이라는 뜻을 담아 '식구(食口)'라는 말을 쓰잖아. 식구는 세상에서 가장 가까운 사이지. 동양이나 서양이나 똑같이, 밥을 같이 먹는 사이를 가장 가까운 사이로 보았던 거야.

그럼 그릇 삼아 먹던 빵, 트랑슈아는 어떻게 처리했을까? 담겨 있던 음식을 다 먹고 빵마저 찢어 먹었을 거라고? 아니야, 그릇으로 쓸 정도라면 빵이 얼마나 질겼겠니? 말랑말랑하면 음식을 담을 때 흐물흐물해져서 빵이 주저앉아 버렸겠지. 국물이 닿아도 조금 촉촉해질 뿐 여전히 그릇 노릇을 하려면 얼마나 딱딱하고 맛없는 빵이었겠어. 그러니 음식을 다 먹더라도 그 빵은 먹지 않고 하인들이나 구걸을 하는 사람들에게 던져 주었지. 대신 자신들은 말랑말랑한 흰 빵을 먹고 말이야. 신분이나 재산에 따라 먹는 빵도 달랐다니 참 서러운 일이지 뭐니.

♣ 나라마다 다른 빵

빵의 역사가 쌓여서 각 나라를 대표하는 빵이 등장했어. 유럽의 빵 중에서 잘 알려진 것은 겉이 딱딱하고 긴 빵 바게트, 초승달 모양의 크루아상, 러시아의 흑빵 등이 있고, 서아시아와 북아프리카 지역의 대표적인 빵에는 에이쉬, 쿠브즈 등이 있어. 옥수수 반죽으로 구운 빵, 남아메리카의 토르티야와 솥에 쪄서 만든 중국의 화쥐안도 빼놓을 수 없지. 이렇게 빵은 종류도 많고 만드는 방법도 다양해. 그만큼 많은 사람들이 먹고 즐긴다는 뜻 아니겠어.

치즈를 활용한 음식, 퐁듀

서양 사람들은 빵이 있는 곳에는 당연히 치즈도 따라와야 한다고 생각했어. 치즈는 언제 만들어졌고, 어떻게 만들게 되었을까?

치즈를 처음 만들어 먹은 사람이 누구인지 정확히는 알 수 없지만 추측하건대, 서아시아 지역 유목민들로 보고 있어. 가축이 뜯어 먹을 풀밭을 찾아 여기저기 옮겨 다니며 생활하던 사람들이지.

서아시아 어느 장사꾼이 낙타에 짐을 싣고 사막을 건너 시장으로 가는 길이었어. 중간 즈음 목을 축이려고 집에서 준비해 온 염소젖 주머니를 열다가 깜짝 놀라고 말았지. 글쎄, 염소젖이 몽글몽글 덩어리져 있지 뭐야. 냄새도 나는 것이 어째 이상해. 장사꾼은 염소젖이 썩었다고 생각해서 바위 위 어딘가에 버렸어. 그런데 일을 다 보고 돌아오는 길에 보니 바위에 버린 염소젖이 꼬들꼬들 말라 있는 거야. 가만 보니 냄새도 나쁘지 않고 먹을 만해 보이더란 말이지. 장사꾼은 호기심에 손으로 한 입 찍어 먹어 보았어. 그런데 이게 무슨 일이야, 고소하면서도 쿰쿰한 것이 기가 막힌 맛이 나지 뭐야.

생각해 보니 동물의 젖을 담았던 주머니가 문제였어. 물을 넣었을 때는 아무 이상 없었는데 동물의 젖을 넣으면 몽글몽글 뭉치는 현상이 벌어졌던 거야. 주머니에서 무슨 일이 일어난 걸까?

이 주머니는 양이나 염소의 위로 만든 거야. 소나 양, 염소처럼 풀을 되새김질하여 먹는 동물들의 위에는 레닌이라는 특별한 소화 효소가 있어. 그 효소에는 우유를 응고시키는 성질이 있대. 우유가 주머니에서 효소를 만나 몽글몽글 덩어리지면서 치즈 형태를 갖추게 된 거야.

오늘날에는 전 세계에 이천 가지가 넘는 치즈가 있어. 그중 할아버지가 하이디에게 구워 주던 치즈는 라클렛 치즈가 아닐까 해. 스위스 목동들은 한겨울에 라클렛 치즈를 불 옆에 두어 겉이 녹도록 기다렸다가 긁어서 빵에 발라 먹곤 했어. 그래서 프랑스어로 '긁어낸다'는 뜻인 라클레르(racler)라는 단어에서 이름을 따왔대. 오늘날에는 빵뿐만 아니라 햄이나 감자에도 구운 치즈를 얹어 먹는데, 이것을 라클렛 요리라고 부른다.

퐁듀 역시 스위스 산골의 척박하고 추운 날씨 때문에 생겨난 음식이야. 퐁듀는 치즈를 조각내 냄비에 넣고 끓여서 빵을 찍어 먹는 음식이지. 훗날 이 음식도 산 아래 사는 사람들에게 퍼지면서 감자와 같은 채소나 햄, 소시지까지 찍어 먹게 되었어. 퐁듀(fondue)란 '녹이다'라는 뜻의 프랑스어 퐁드르(fondre)에서 왔어. 스위스 중에서 프랑스어를 쓰는 지역에서 이 음식이 생겨났기 때문에 프랑스어로 된 이름이 붙은 거야.

요즘은 초콜릿을 녹여 과일을 찍어 먹는 음식을 '초콜릿 퐁듀'라고 부르더라? 이제 세계 어디서 생겨났든 뭔가를 녹여 다른 재료를 찍어 먹으면 퐁듀라는 이름을 붙여도 될 것 같아. 이렇게 전 세계 누구에게나 통할 정도이니 퐁듀는 스위스가 내세울 만한 음식이라 할 수 있어.

빵이 만든 세계사, 미친 빵 소동과 흑사병

빵을 먹고 미쳐 가는 사람들

때는 940년경이야. 어느 날 갑자기 마을 여기저기서 미친 사람들이 튀어나왔어. 손발에 불이 붙었다고 헛소리를 하면서 뛰어다니고, 심지어 진짜로 물로 뛰어들기도 했어. 헛것이 보이나 했는데 나중에 이 사람들을 살펴보니 손발이 진짜 불에 탄 것처럼 까맣게 썩어 들어가 있더래. 미칠 노릇이었지.

사람들은 이 증세를 보고 손발에 '보이지 않는 불'이 붙었다고 했어. 시간이 갈수록 '보이지 않는 불'이 붙어 헛소리를 하다가 손발이 썩으며 죽는 사람들이 엄청나게 늘어나. 밖에 나갔다가는 병을 옮을지 모른다며 집에 숨어 살아도 소용없었어. 어느 마을은 멀쩡하다가 하룻밤 사이에 전체가 몰살되기도 했을 정도야.

　이 병은 사람이 사람에게 옮기는 것이 아니었어. 뭔가를 먹어서 걸리는 병이었지. 바로 빵이었어. 사람들은 이 빵을 '미친 빵'이라고 불렀어. 문제는 빵의 재료인 호밀이었어. 호밀 같은 식물의 씨방 안에 기생하는 맥각균 때문이었던 거야. 맥각균에 감염된 호밀로 빵을 만들어 먹는 바람에 사람도 맥각균에 전염된 거지. 맥각균은 독이 있어서 조금만 먹어도 환각 상태에 빠지고 뼈와 살이 썩거든.

　고대 로마 시대 사람들은 이미 맥각균에 대해 알고 있어서 맥각균에 걸린 밀은 빻지도 않았을 뿐 아니라, 병에 걸려도 어느 정도 치료할 수 있었어. 그런데 중세 사람들은 불행하게도 그 치료술을 전수받지 못했지 뭐야. 그래서 미친 빵을 먹고 죽어 간 사람들이 엄청났던 거지.

유럽의 대기근과 흑사병

다행히 그 후 얼마간은 날씨도 유난히 따스해서 농작물이 풍부해지고, 전쟁도 없어서 평화롭게 살 수 있었어. 하루 한 끼만 먹던 식사를, 큰 풍년이 들면 세 끼까지도 먹었으니 그나마 행복했던 시절이었지.

그렇게 좋던 날씨도 끝이 왔는지 이상 기후가 닥쳐왔어. 이제 반대로 수십 년간 우박이나 홍수, 가뭄이 번갈아 오면서 농사짓기가 극도로 힘들어졌지 뭐야. 일해 봤자 다 쓸려가거나 말라 죽고 수확할 게 거의 없을 정도야. 기르던 가축은 병들어 죽고 이상하게 물고기도 구경하기 힘들었어. 기후가 이상하니 들과 산에서 나던 과일이나 채소조차 구하기 어려워졌고, 유일하게 식탁에 올랐던 빵마저도 구경하기 힘들어졌어. 정말 엎친 데 덮친 격이었지 뭐.

먹을 것이 없으니 사람들은 산에서 나무뿌리라도 캐 먹고, 도시로 나가 동냥해 먹고 그렇게 살았지. 이렇게 먹을 것이 없어 거의 매일 굶다시피 하는 현상을 기근이라고 해. 이렇게 1300년대 유럽은 대기근 시대였지.

그러다 무시무시한 전염병까지 돌아. 그 전염병의 이름은 흑사병이야. 흑사병은 주로 쥐에 붙어 있던 벼룩에 의해 전염되는 것으로, 아시아와 유럽을 오가는 길을 따라 퍼졌어. 걸렸다 하면 쉽게 퍼지고, 살이 검게 썩으며 고통 속에 죽어 가는 무서운 병이었어.

아무리 무섭다고 해도 사람들 몸만 튼튼하다면 싸워 볼 만했을 거야. 하지만 미친 빵에 이어 대기근으로 굶어 왔던 사람들의 몸은 부실할 대로 부실한 상태였지. 사람들은 병에 제대로 저항해 보지도 못하고 죽어 갔어. 흑사병이 얼마나 대단했냐면 당시 유럽 인구 3분의 1이 이 병으로 죽었어. 그런데 이들 대부분 영양이 부족한 가난한 사람들이었어. 부자들은 그동안 잘 먹었기 때문에 면역력이 좋았던 거야. 빵이 흑사병을 일으킨 것은 아니지만 빵이 부족한 상황이 어느 정도 거들었다고 할 수 있어.

빵은 말 그대로 없으면 죽게 되는 가장 기본적인 양식이란 말로 통하게 되었어. 프랑스에서는 '빵이 아니면 죽음을 달라.'라고 말하며 사람들이 거리로 뛰쳐나왔던 사건까지 있었으니까.

1700년대 말, 당시 왕과 귀족들이 정치를 못해서 국민들은 먹고살 길이 막막해졌어. 왕과 귀족들은 먹을 것이 넘치고 매일 잔치를 여는데 국민들은 빵 한 쪽이 없어 매일 굶다시피 했지. 참다못한 국민들은 모두 거리로 쏟아져 나와 왕과 귀족이 얼마나 잘못했는지 따졌어. 이 항의가 얼마나 거세었던지 나라가 한바탕 뒤집어졌어. 왕이 다스리던 나라에서 국민이 뽑은 대표가 다스리는 나라로 바뀌게 된 거야. 이것이 바로 1789년에 일어난 프랑스 혁명이야.

빵이 아니면 죽음을 달라는 말에서 빵은 실제로 먹는 빵이 아니라 살아가는 데 최소한으로 필요한 것을 대표하는 말이야. 다른 것은 포기하더라도 반드시 있어야 하는 것, 없으면 차라리 죽음이 나은 것, 그만큼 중요하고 절박한 것이지.

이야기 한 접시 더

빵은 삶의 기본이야!
《올리버 트위스트》와 《플랜더스의 개》

가끔 하이디 이야기를 산골 소녀의 고난 극복기쯤으로 오해하는 친구들이 있는데 그럼 곤란해. 알고 보면 하이디는 아름다운 자연과 가족, 친구들이 있어 누구보다 행복한 소녀거든. 진짜 고난기라면 《올리버 트위스트》 주인공 올리버가 겪은 이야기 정도는 돼야 그렇게 부를 수 있지.

찰스 디킨스가 《올리버 트위스트》를 쓴 건 1838년이야. 이 이야기가 세상에 나오기 몇 년 전, 영국에서는 가난한 사람들을 돕는 '구빈원'이라는 기관이 화제가 되었어. 처음에는 불쌍한 이를 돕는 좋은 곳인 줄 알았는데, 알고 보니 아이들을 함부로 다루고 밥도 죽지 않을 만큼만 주었던 거야. 옷도 넝마와 다름없는 걸 입혔대. 이 사실이 알려져 많은 사람들이 분노했는데, 작가 찰스 디킨스도 그중 하나야. 그래서 이 작품을 통해 구빈원을 둘러싼 악랄한 사람들을 고발한 거지.

특히 아이들이 죽을 먹는 장면을 보면 불쌍해서 견딜 수가 없을 정도야. 구빈원에서는 멀건 죽이 식사의 전부였어. 게다가 숟가락만 한 작은 그릇에 얼마나 조금 퍼 주는지, 몇 숟가락만 떠도 바닥이 드러나 그릇이 반짝일 정도였지.

구빈원에서 먹는 이 죽을 영국 사람들은 포리지라고 불러. 우유에 보릿가루를 넣고 끓인 거친 죽이야. 아마 구빈원에서 나온 죽은 이런 포리지에 물을 왕창 탄 멀건 상태였을 거야. 하이디가 먹은 신선한 염소젖과 구운 치즈에 빵은 만찬이라고 해도 될 정도란다.

빵과 치즈 이야기를 하니 이 대목도 생각나. 구빈원 직원들은 가난한 사람들에게 고작 빵과 구운 치즈를 조금 주면서, 마치 자기 돈으로 주는 것처럼 생색을 내지. 이 사람들이 하는 말을 들어 보면 영국 사람들도 최소한 식사로 빵과 치즈를 먹는 것을 알 수 있는데, 치즈도 그냥 치즈가 아니라 구운 치즈라 듣자마자 하이디가 떠오르지 뭐야.

《알프스 소녀 하이디》와 느낌이 비슷한 《플랜더스의 개》라는 작품이 있어. 영국 작가 위다가 1870년경에 발표한 작품인데, 배경이 벨기에에 있는 플랜더스란 마을이야. 옛날엔 프랑스 북쪽과 벨기에, 네덜란드 일대를 플랑드르 지방이라고 불렀는데, 플랑드르의 영어식 이름이 플랜더스야. 이 지역은 스위스처럼 예나 지금이나 낙농업으로 유명해. 그래서인지 주인공 네로는 우유 배달을 하고 네로의 친구 아로아는 방앗간과 목장을 하는 마을 최고 부자의 딸이야.

여기서 왜 아로아의 아버지 직업은 하필 방앗간 주인일까?

유럽에서는 중세 이후 방앗간 주인, 즉 제분사는 사기꾼에 욕심꾸러기라는 인식이 있었어. 사람들이 곡식을 가져와 빻아 달라고 하면, 몰래 제분기 아래로 밀가루를 빼돌리고 먹을 수 없는 것들을 섞어 무게를 늘린 일이 많았다고 해. 이런 밀가루로 만든 빵은 밀의 겨가 씹혀 맛이 이상하고 삼키기도 힘들었대.

생각해 봐. 빵이 어떤 존재야? 삶의 기본인데, 겨나 돌이 섞여 먹을 수 없는 상태라면 어떻게 참겠어. 그래서 방앗간 주인은 대대로 미움받는 존재가 된 것이고, 네로를 구박하는 못된 인물로 방앗간 주인이 제격이었던 거야. 어떤 책을 읽어도 빵은 참 사람들의 일상생활과 밀접해서 떼려야 뗄 수 없구나 싶어.

15소년 표류기

열다섯 명의 소년이 배를 타고 표류하다
이름 모를 섬에 다다르면 어떤 모험이 시작될까?
바로 《15소년 표류기》 이야기야.
소년들은 섬에서 빠져나오기 위해 별의별 일을 다 겪어서,
그 고생이 말도 못했어.
그 치열한 이야기 속에서 맛있는 것을 찾은 사람이 있다면
진정한 먹보라고 할 수 있지. 무인도에서 생존하기 위해
어떤 음식들을 먹는지 알게 되면 무척 놀랄 거야.

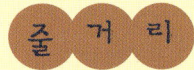

《15소년 표류기》는 프랑스 작가 쥘 베른(Jules Verne)이 쓴 모험 이야기다. 원래 제목은 《2년간의 방학》 혹은 《2년간의 휴가》인데 한국에서는 《15소년 표류기》라고 번역되었다. 쥘 베른은 풍부한 과학 지식을 바탕으로 미래 세계를 기발하게 그린 작가로 유명하다. 아직 비행기나 잠수함이 만들어지기 전에 그는 이미 《해저 2만리》, 《80일간의 세계 일주》에서 그것을 타고 여행하는 이야기를 썼다.

쥘 베른은 《15소년 표류기》를 쓰며 성격, 국적, 나이가 다른 열다섯 명의 소년들이 어떤 갈등을 겪고 이를 어떻게 해결하며 섬에서 빠져나오는가를 그리고 싶었다고 했다. 뉴질랜드 체어맨 기숙 학교 학생 열네 명과 견습 선원 아이 한 명이 무인도에 떠밀려 오면서 갖은 고생을 하다 탈출하는 것이 이 이야기의 뼈대이다. 아이들이 서로 협력하고 희생하면서 살기 위해 애쓰는 모습이 무척 흥미진진하다. 무인도에서 모험을 하는 것을 한번 상상해 보고, 소년들이 겪는 이야기와 비교해도 재미있을 것이다.

선원들의 저장 음식, 콘비프와 염장 대구

습기에 강하고 오래 보관할 수 있는 음식

 소년들이 탄 배가 난파되어 무인도에 떨어졌을 때, 가장 우선시해야 했던 것은 먹을 것을 챙기는 일이었어. 사람이 그렇잖아? 일단 먹어야 다른 일도 할 수 있으니까. 그래서 주인공 브리앙은 당장 먹을 수 있는 것들이 얼마나 있나 확인해서 배에 있는 비상식량은 그것대로 나누어 먹고, 새로 식량을 얼마나 구해야 하는지를 계산해야 했어. 처음 소년들 앞에 놓인 음식은 이것들이야.

> 확인해 본 결과, 비스킷은 상당히 많이 남아 있었지만 통조림, 햄, 콘비프, 소금에 절인 고기는 넉넉하지 않았다. 이것들로는 아무리 아껴 먹는다고 해도 두 달 이상 버틸 수가 없었다. 가까운 해안에 가도 사람들이 사는 곳에 도달하려면 수백 킬로미터를 걸어야 할지도 모른다. 그런 경우를 대비해 식량을 아껴 두기 위해서는 처음부터 이곳에서 구할 수 있는 음식을 찾아 먹는 편이 나았다.
>
> -《15소년 표류기》중에서

 비스킷과 햄, 콘비프, 소금에 절인 고기(염장 고기)는 선원들이 가장 먼저 챙기는 음식이야. 오래되어도 잘 썩지 않기 때문에 비상식량으로 제격이지.

배는 늘 바다 위에 떠 있기 때문에 습기에 젖어 있잖아. 습기가 많으면 음식이 금방 상하는 것은 당연지사고. 그러니 완전히 말려서 두고두고 먹을 수 있는 것을 챙겨야 했던 거야. 맛이야 어떻든 말이지. 그 음식들을 꺼내서 식탁을 차린다면 아마 아래와 같을 거야.

이것들만 먹고 어떻게 사냐고? 어쩔 수 없지 뭐. 흔들리는 배 안에서 불을 피웠다가는 화재가 나기 십상이고, 재료가 있다고 해도 금방 상

Ham

햄(Ham)
돼지고기를 소금에 절였다가 연기를 쐬어 훈제한 거야.

비스킷 (Biscuit)
밀가루 반죽을 밀어 납작하게 만든 뒤 오븐에 구워. 한 번 구웠다가 식혀서 다시 굽기 때문에 매우 단단하다고 해서 하드택(hardtack)이라고 부르기도 해.

Biscuit

육포
고기를 소금물에 담갔다가 건져서 햇빛에 말린 거야. 주로 몽골인이나 남아메리카 원주민들이 소나 사슴 등을 갈무리해 만들었단다.

할 테니 처음 몇 번밖에 못 먹겠지.

만일 배가 난파되어 무인도에 떨어지기라도 하면 없어서 못 먹는 게 비상식량이야. 이런 비상식량 중에서도 특히 오래가고 요긴한 것은 비스킷과 염장 고기라고 할 수 있어.

비스킷은 《15소년 표류기》에서 자주 발견돼. 다른 것을 다 먹어 치우고도 끝까지 남아서 지겹기도 하지만 고맙기도 한 음식이지. 요즘에는 간식으로 먹는 비스킷이 왜 비상식량이냐고 묻는 친구가 있을지 모르겠어. 비스킷이 원래 어떤 음식인지 설명을 들으면 너희들이 좋아하는 비스킷과 다르다는 것을 알 수 있을 거야.

비스킷(biscuit)이란 프랑스 말로 '두 번(bis) 구웠다(cuit)'는 뜻이야. 반죽

염장 고기
고기를 소금물에 담가 절여 놓은 거야. 보통 돼지고기를 절이지. 옛날엔 염소나 양은 소금보다 쌌기 때문에 잘 절이지 않았어.

통조림
고기나 채소를 알루미늄 통에 넣고 밀봉한 거야. 나폴레옹의 지시로 병조림법이 개발되었는데, 나중에 통조림으로 발전했지.

콘비프(Corned beef)
초석(질산칼륨)을 발라 재운 소고기를 소금물에 담가 절인 거야. 요즘은 여러 가지 양념을 바른 뒤에, 절이기도 해.

을 해서 두 번 구운 이유는 수분을 날리기 위해서야. 바짝 말려서 세균이 번식할 여지를 없애는 거지.

어떤 것은 네 번까지 굽기도 했어. 이런 경우에는 몇 달씩 항해를 해도 썩지 않았대. 대신 너무 딱딱해서 그냥 먹기는 힘들었어. 게다가 시간이 지날수록 더 말라서 감당하기 힘들 정도로 딱딱해졌지. 나중에는 망치를 써야 겨우 깨질 정도였다지 뭐야.

하지만 입에 들어갈 크기로 깬 뒤에도 다음엔 씹는 게 문제야. 망치로 겨우 깨는 것을 이로 씹으려니 어땠겠어. 오랫동안 입에 넣고 침으로 녹여 먹거나 물과 함께 털어 넣는 것 말고는 방법이 없었지. 그러니 비스킷이 오래되어서 벌레인 바구미가 꼬이면 오히려 더 반갑기도 했대. 바구미가 갉아 먹어서 자그마한 구멍이 나면 부숴 먹기가 더 쉬웠거든.

물론 망치나 바구미가 없이도 먹는 방법은 있어. 물을 붓고 죽처럼 만든 뒤 소금에 절인 고기를 썰어 넣는 거야. 그러면 비스킷은 씹을 만해지고 소금에 절인 고기에서 소금기가 나와서 간이 딱 맞았지. 배는 고픈데 먹을 게 없어 봐. 이것도 진수성찬이지 뭐겠어.

배를 탄다고 무조건 비상식량만 먹어야 하는 것은 아니야. 큰 배를 타면 사정이 좀 나았지. 대형 선박에서는 큰 폭풍우를 만나지만 않으면 요리를 해 먹기도 했어. 대표적인 예가 1519년에 처음으로 세계 일주를 한 마젤란 선단이야. 마젤란 선단은 워낙 커서 웬만한 파도에도 흔들리지 않았어. 그러니 불을 피워도 화재가 일어날 염려가 적어 조리가 가능했다고 해.

또 공간도 널찍했기 때문에 다양한 것을 실을 수 있다는 점도 한몫했어. 기본적인 저장 음식 외에도 밀가루, 호밀 가루 등 곡류와 무화과 같은 과일,

럼주와 포도주도 많이 실었지. 물은 금방 썩기 때문에 목을 축일 것으로 독한 술인 럼주가 꼭 필요했어. 《보물섬》 같은 해적이나 선원 이야기에 럼주가 자주 등장하는 것은 바로 이 때문이야.

가장 특이한 것은 살아 있는 가축을 실었다는 거야. 가축을 산 채로 배에 싣고 다니면서 필요할 때마다 한 마리씩 도축해서 먹었다고 해. 썩지 않게 보관하는 걸로는 참 좋은 방법이지.

열다섯 명의 소년들이 탔던 슬루기 호는 마젤란 선단처럼 큰 배가 아니라 요트야. 과일이나 곡식은 물론이고 가축을 싣는다는 것은 꿈도 못 꿀 일이지. 소년들은 난파된 후 콘비프와 비스킷으로 버텼고, 통조림을 아끼기 위해 낚시와 사냥을 열심히 해야 했어. 소년들이 내내 먹어야 했던 콘비프와 염장한 음식에 대해서 조금 더 자세히 이야기하지 않을 수 없겠지?

아일랜드인의 눈물이 담긴 콘비프

조개 요리, 특히 홍합은 양념이 좀 부족했는데도 무척이나 맛있었다. 사실 맛이야 어떻든 그 나이 또래에는 식욕이 최고의 반찬일 것이다. 비스킷, 큼지막한 콘비프, 소금기가 없도록 썰물 때 강어귀에서 퍼 와 브랜디 몇 방울을 떨어뜨린 깨끗한 물, 그것만으로도 꽤 괜찮은 식사였다.

-《15소년 표류기》중에서

난파된 후 소년들이 처음으로 식사다운 식사를 했던 장면이야. 여기에도 여지없이 비스킷과 콘비프가 나오는구나.

콘비프라고 하면 영어 공부 좀 했다는 친구들은 '옥수수가 박힌 고기인가?' 하고 생각할지도 모르겠어. 하지만 콘비프는 영어로 정확히는 '콘드비프(corned beef)'라고 써. '콘드'는 소금을 뿌린 상태를 말해. 원래 '콘'은 옥수수뿐 아니라 밀이나 귀리 같은 알갱이가 작은 곡식을 뜻하는데, 소금이 뿌려진 모습이 마치 그와 비슷해서 '콘드'라고 불리게 되었대. 즉 '콘드비프'는 소금에 소고기를 절인 음식이고, 맛으로 따지자면 장조림과 비슷해.

콘비프는 여러 나라에서 먹었지만 시작은 누가 했는지 알 수 없어. 다만 확실한 것은 영국 옆의 섬나라 아일랜드 사람들이 가장 많이 만들어 먹었고, 지금도 그곳의 대표 음식이라는 거야. 아일랜드는 원래 드넓은 초원에서 소를 많이 키우는 나라였어. 당연히 다른 고기보다 소고기를 많이 먹었지. 사람들은 대개 겨울이면 고기를 소금에 절여 오랫동안 두고 먹었어.

신선한 고기를 먹지 왜 소금에 절여서 먹었냐고? 옛날에는 냉장고가 없었기 때문에 신선한 고기는 아무나 먹을 수 없었어. 키우는 가축이 많거나, 갓 잡은 고기를 아무 때나 살 수 있는 부자들이나 가능했지. 그럴 수 없는 사람들은 고기를 오래오래 두고 조금씩 나눠 먹어야 하니 썩지 않도록 소금을 뿌려야 했어. 아일랜드 사람들은 주로 가을에 콘비프를 한꺼번에 많이 만들어 놓고, 그걸로 늦가을에서 봄까지 버티곤 했대. 콘비프는 오래 보관해도 잘 상하지 않았기 때문에 배를 타는 선원들이나 전쟁을 하는 군인들에게 필수품이 되었어.

영국은 1500년대 중반부터 배를 다루는 기술을 엄청나게 발전시키며 나라 밖 식민지 개척에 본격적으로 뛰어들었어. 이때 영국 해군에게 콘비프는

콘비프 만드는 법

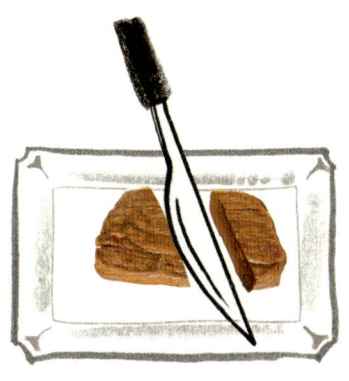

1. 소고기를 반듯하게 자른다.
2. 초석(질산칼륨)이 든 소금으로 덮어 둔다.
3. 고기의 수분이 빠지면 소금물이 든 통에 넣고 밀봉한다.

아주 유용했지. 일찌감치 배를 타고 새 항로를 개척한 스페인이나 포르투갈보다는 한발 늦었지만 100년쯤 뒤 영국은 두 나라를 따라잡았고, 1800년대 후반에는 다른 모든 나라를 압도할 만큼 많은 땅을 차지했어. 그 무렵에는 아프리카, 아시아, 오세아니아, 아메리카까지 세계 곳곳에 영국령이 아닌 곳이 없을 정도였어.

콘비프는 오랜 시간 배를 탄 영국 해군뿐 아니라, 영국이 차지한 식민지 노예들에게도 없어서는 안 될 식량이었어. 소금에 절여 놓아 더운 지방에서도 잘 상하지 않았으니까. 영국인들은 엄청나게 많은 콘비프를 식민지로 실어 나르기 위해 아일랜드 사람들을 끊임없이 닦달했어.

영국인들은 식민지인 아일랜드의 거대한 농장을 빼앗아 콘비프를 만드는 공장을 세우고 아일랜드인에게 강제로 일을 시켰어. 아일랜드인들은 죽어라 일하면서도 그 좋아하는 콘비프를 맛보지도 못한 채 영국 배에 실어야 했어.

빵나무 열매

대신 자신들은 감자로 끼니를 때웠지.

나중에 영국 사람들은 콘비프가 아깝다며 식민지 노예들에게는 주지 않으려고 했다지 뭐야. 대신 농장 근처에서 구하기 쉬운 빵나무 열매를 먹도록 했대. 빵나무는 열대 지방에서 자라는 특이한 식물이야. 크기가 멜론만 한 이 열매를 따서 구우면 빵 냄새가 나서 빵나무라고 불렀는데, 실상 먹어 보면 으깬 감자 맛이랑 비슷하다고 해. 실제로 노예들은 이것을 참 싫어했다니 맛은 별로인 게 틀림없어.

빵나무를 굳이 언급한 이유는 섬에서 소년들이 먹었던 우유가 생각나서야. 소년들이 프렌치 동굴에서 살 때 우유를 마신 거 생각나니? 케이트 아주머니가 우유 나무에서 우유와 똑같이 생긴 수액을 빼 주었잖아. 우유 나무가 실제로 있을까 궁금해하는 친구들이 많은데, 실제로 남아프리카 등지에는 수액에서 우유 맛이 나는 우유 나무가 있다는구나. 빵나무도 있고, 우유 나무도 있는 걸 보면 어딘가에 고기 나무도 있는 건 아닐까 하는 상상도 해 봐.

소금에 절이면 오래오래 맛있는 염장 대구

소고기를 오래 저장하기 위해 콘비프를 만들었듯, 생선이 썩지 않게 하는 방법도 여러 가지로 시도되었어. 그 방법으로는 열과 연기를 쬐어 수분을 말리는 훈제법, 햇빛과 바닷바람에 말리는 건조법, 소금에 절이는 염장법이 있어. 그중 가장 오랫동안 두고 먹을 수 있는 방법은 염장법이야.

생선을 소금에 절여 보관하면 말린 것보다 훨씬 맛있어서 사람들에게 대단히 환영받았어. 염장법 덕분에 내륙 깊숙이 사는 사람들도 바닷물고기를 먹을 수 있게 되었는데 그중에서도 염장한 대구를 가장 많이 먹었지. 옛날 유럽 사람들이 먹는 생선 열 마리 중 여섯 마리는 대구였대. 바닷물고기만 해도 수많은 종류가 있는데 대구 한 종류만 이렇게 많이 먹었다니, 유럽 사람들의 대구 사랑이 얼마나 대단한지 알 수 있지.

특히 포르투갈이나 스페인 사람들은 대구에 대한 애정이 유별나. 두 나라에는 이것을 이용한 요리가 천 가지가 넘는다고 해. 이들은 염장 대구를 바칼라오 혹은 바칼라우라고 부른단다. 그러니 혹시 어디 가서 바칼라오나 바칼라우라는 말이 들어간 음식을 보거든 대구 요리이겠거니 생각하면 될 거야.

《15소년 표류기》에서도 대구를 먹는 장면이 나와. 당시에는 정말 대구가 흔하긴 흔했나 봐.

> 우리는 힘을 모아 모래 위로 그물을 끌어 올렸다. 서둘러야 했다. 왜냐면 물속에는 난폭한 칠성장어들이 많아서 그물에 잡힌 고기들을 먹어 치우곤 했기 때문이다. 그렇게 고기를 잃게 되더라도 나머지만으로 식탁에 올리기는 충분했다. 주로 대구가 많았는데 막 잡아서 먹든 소금에 절여 두었다 먹든 맛이 좋았다.
>
> -《15소년 표류기》중에서

사람들이 대구를 하도 많이 잡아서 오늘날에는 별로 남아 있지 않아. 예전에는 잡아도, 잡아도 끝이 없을 만큼 흔해서 이렇게 귀해질 거라고는 상상도 못 했지. 대구를 소금에 절여 먹는 방법을 알기 전에는 사람들이 실컷 먹고 남은 대구를 빨래 널 듯 줄에 매달아 바닷바람에 말렸대. 말린 대구는 기름기가 적어서 오래 두고 먹어도 맛이 변하지 않아 좋은 저장 식품이 될 수 있었지.

염장 대구가 만든 세계사, 새로운 항로 개척

대구의 힘으로 유럽을 뒤흔든 바이킹

말린 대구를 즐겨 먹고 그 힘으로 세계사를 바꾼 사람들 이야기도 해 볼게. 그게 누구냐면 덴마크와 스칸디나비아 반도 사이에 살던 바이킹이야.

바이킹은 원래 바다에서 고기를 잡고 사냥도 하고, 기름지진 않지만 넓은 땅이 있어서 농사를 지으며 살던 사람들이었지. 그런데 날씨 때문에 농사를 계속 망치자 먹고살기 위해 다른 방법을 선택해. 바로 다른 나라를 침략해 먹을 것과 필요한 것들을 빼앗아 오는 방법이었어.

바이킹은 영국, 아일랜드, 프랑스 해안 지방을 주로 공격했고, 스페인을 거쳐 지중해까지 침투했어. 그들은 여러 나라를 정복해 갔는데, 정복한 땅을 식민지로 삼은 뒤 다시 자기 나라로 돌아오는 게 아니라 그 나라에 자리를 잡고 새로운 왕국을 세워 버렸어. 그 어떤 곳이라도 자신들이 살던 땅보다는 기름졌기 때문이지.

　바이킹들은 오늘날 프랑스 북부에 노르망디 공국, 영국에는 노르만 왕조를 세우고 이탈리아 남쪽 섬 시칠리아에 시칠리아 왕국을 세우기도 했어. 남쪽으로 쭉 내려와 지중해까지 진출하고 강을 따라 러시아 깊숙한 곳까지 쳐들어갔으니 유럽 전체를 뒤흔들었다고 봐야 해.

　어떻게 이 모든 게 가능했을까? 바이킹은 용맹하고 유달리 싸우기를 좋아하는 성격이어서, 어릴 때부터 무기를 가지고 놀았고 다른 부족과 붙어도 지는 법이 없었대. 여기에 롱십(Longship)이라는 뛰어난 배도 한몫했어. 롱십은 폭에 비해 길이가 길어 붙은 이름이야.

　날렵한 이 배는 해안가에 몰래 숨어들었다 재빨리 빠져나올 수 있어서 전투에 유리했어. 하지만 겁이 없고 침략 수단이 뛰어나기만 하면 무슨 소용이겠어. 멀리 고향을 떠나 있어도 계속 영양을 공급할 수 있는 충분한 식량이 뒷받침돼야 하지. 바이킹은

고향 주변인 북해에서 흔하게 잡히는 생선을 가지고 가 식량으로 삼았어. 그게 바로 대구야.

이들은 대구를 잡아 긴 막대에 걸쳐 놓고 바닷바람에 말렸어. 말린 대구는 오래 두어도 상하지 않아, 긴 항해에 딱 맞았지. 바로 그 힘으로 바이킹은 유럽을 뒤흔들 수 있었던 거야.

콜럼버스 항해의 숨은 주역, 대구

이미 사람들이 많이 살고 있는 곳에 침략한 바이킹이 있는가 하면, 새로운 땅을 찾아 나선 바이킹도 있었어. 어디까지 갔는지는 기록에 남아 있지 않지만 적어도 북아메리카 일대까지 진출한 것은 틀림없어. 캐나다 동쪽 뉴펀들랜드 섬에서 초막집이 발견되었는데, 여러 정황상 1000년경에 바이킹이 지은 것이 확실했기 때문이야.

〈바이킹의 대항해 경로〉

우리는 흔히 아메리카 대륙에 처음 발을 디딘 유럽인을 콜럼버스로 알고 있어. 공식적으로 알려진 것은 콜럼버스가 맞아. 하지만 그 전에도 바다 건너 아메리카 대륙에 가 본 유럽인이 있던 것으로 보여. 바이킹뿐 아니라 800년경 기록물 《수도사 성 브렌던의 항해》에도 아메리카 대륙이 나오거든.

바이킹보다는 나중이지만 콜럼버스보다 먼저 아메리카 땅에 도착한 것으로 보이는 사람들이 또 있어. 바로 스페인 북부 해안에 사는 바스크인이야. 바스크인은 원래 고래를 잡아 먹고살던 사람들인데, 스페인에 정착한 바이킹을 통해 대구잡이 뱃길을 알게 되었어. 대구를 잡아 팔면 돈이 된다는 것도 말이야.

마침 바이킹 시대가 끝나 가고 있었어. 각 나라에 침략한 바이킹들은 노르만족이라는 이름으로 각 나라에 정착해 살아가면서 더 이상 대구나 잡고 살지 않아도 되었거든. 대구 어장은 바스크인의 독차지가 된 거야.

그러다 바스크인은 대구를 소금에 절이는 방법을 알아냈어. 물에 긴 시간 우리지 않고는 먹을 수 없을 만큼 짜게 만들었더니 생선을 오래 두어도 상하지 않더래. 이제 대구는 아무리 먼 곳이라도 상하지 않고 운반할 수 있게 된 거야. 대구는 육지에서 날개 돋친 듯 팔려 나갔어. 바스크인은 대구를 어마어마하게 잡기 시작했지. 대구를 팔아 큰돈을 번 건 바스크인이 처음이었어. 하지만 여기에 만족하지 않고 계속해서 대구를 찾아다녔어. 대구가 많이 잡히는 어장을 찾아 서쪽으로, 서쪽으로 나아갔지.

그들이 항해하던 북대서양 바다는 기상 조건이 좋지 않아 엄청나게 위험한 곳이었어. 수시로 배가 침몰하고 고장이 나서 대구 어장을 찾아 떠난 어부 열 명 중 여섯 명은 바다에서 죽었대. 그럼에도 불구하고 어장을 찾는 항해는 계속되었다고 해. 대구가 그만큼 엄청난 이익을 남겼기 때문이야.

그렇게 서쪽으로 가던 바스크인의 배는 처음 보는 해안에 도착했어. 학자들은 이곳이 바로 아메리카 대륙의 동쪽 끝 뉴펀들랜드 섬 근처일 것으로 추측하고 있어. 일찍이 바이킹이 진출한 흔적이 남아 있다던 그곳 말이야. 그 주변에는 대구가 엄청나게 많이 잡히는 거대한 어장이 있거든.

바스크인들이 잡아 오는 대구는 도대체 어디서 나는 건지, 당시에는 이들 말고는 아무도 알지 못했대. 영국이며 이탈리아며 각 나라 어부들이 자신들도 돈을 벌어 보겠다고 대구를 찾아 나섰는데, 바스크인이 잡아 오는 대구는 찾을 수 없었거든. 그들에게 어장을 뺏기기 싫은 바스크인이 그 위치를 비밀에 부쳤던 거지. 바스크인은 어디선가 계속해서 대구를 잡아 왔고 아메리카 대륙이 그 비밀의 장소였던 거야.

바이킹과 바스크인 모두가 긴 항해 끝에 아메리카 대륙까지 다다를 수 있었던 것은 대구 덕분이라고 할 수 있어. 혹여 누군가는 이게 정말 확실한 사실이냐고 따질 수도 있어. 하지만 아니라고 해도 대구의 중요성은 별로 달라지지 않아. 공식적으로 인정된 콜럼버스 항해에도 대구가 한몫을 했기 때문이지.

콜럼버스가 동방으로 가는 탐험을 시작했을 때 가장 먼저 고용한 사람들이 누구인지 알아? 바로 대서양 바닷길을 안방처럼 꿰고 있는 바스크인이야. 그러니 탐험을 갈 배에는 자연스럽게 염장 대구가 실렸지. 이러나저러나 콜럼버스 항해와 대구는 엄청나게 깊은 인연인 것은 틀림없어.

♣ 아메리카 원주민이 '인디언'이 된 이유

1492년 8월, 스페인을 출발해 동방을 향해 긴 항해를 떠난 콜럼버스는 다른 탐험가들과 달리 서쪽으로 가기로 했어. 아프리카 남단 끝까지 빙 돌아갈 필요 없이, 지구는 둥그니까 서쪽으로 바로 가 보자는 생각이었지. 콜럼버스는 두어 달 뒤에 드디어 육지를 발견했어. 북아메리카와 남아메리카 중간의 작은 섬들이었지. 유럽과 아시아 사이에 아무것도 없을 것이라고 생각한 콜럼버스는 그곳을 인도라고 믿었어. 그래서 작은 섬들이 모여 있는 이 지역은 서쪽 인도의 여러 섬이란 뜻인 서인도 제도라 불리게 되었지. 거기서 만난 사람도 당연히 인도 사람이라고 여겨서 그들을 '인도 사람'이라는 뜻의 '인디언(Indian)'이라고 불렀어. 아메리카에 살던 사람이 뜬금없이 인도 사람이 된 연유는 바로 이것이야. 콜럼버스는 죽을 때까지 이곳을 인도라고 믿었다고 해.

콜럼버스 항해 후 몇 년이 지나, 이탈리아 탐험가 아메리코 베스푸치라는 사람이 브라질 일대를 발견했어. 그는 이 땅이 지금까지 유럽인들에게는 알려지지 않은 새로운 대륙이라는 것을 알아차렸지. 나중에 프랑스인이 지도를 만들면서 처음으로 이 대륙을 그려 넣었어. 그리고 이 땅의 이름을 아메리코 베스푸치의 이름을 따서 아메리카라고 붙였단다.

이야기 한 접시 더

조난되었을 때에는 바다거북
《로빈슨 크루소》

소년들의 이야기와 비슷한 이야기책이라면 쉽게 찾을 수 있어. 배나 비행기를 타고 가다 조난되는 무인도 표류기가 워낙 많거든. 이때 먹을거리는 대부분 비슷해. 배에 있던 비상식량을 먹다가 결국 낚시도 하고 사냥도 해서 구한 것들이야. 그중에서 바다거북 사냥은 꼭 나오는 장면이야.

난파된 사실이 무섭고 아득한 와중에도 소년들이 행복해했던 순간이 있었다면 아마 바다거북을 잡았을 때일 거야. 낚시를 하러 나갔다가 해안가에서 발견한 커다란 바다거북을 보고 소년들은 참 신기해했어. 어린 동생들이 거북의 등을 타고 떨어지지 않으려고 안간힘을 쓰자 형들이 배꼽 잡고 웃었던 것 생각나? 불쌍하긴 하지만 그 바다거북은 소년들의 식량이 되었지. 견습 선원 모코가 솜씨를 발휘한 바다거북 수프 맛은 모두 기가 막히다고 했어.

바다거북이 조난 이야기에 자주 나오는 이유가 있어. 바다거북이 순해서 잡기 좋을 뿐 아니라, 바다거북만큼 먹을 게 많고 맛 좋고 영양가까지 풍부한 것도 없기 때문이야. 실제로 바다거북은 바닷가에서 자주 눈에 띄어서 그곳에 사는 사람들에게 훌륭한 단백질 공급원이었어. 물고기와는 다른 맛이 나서 생선 요리에 질린 사람들이 아주 좋아했대. 특히, 캐리비언 해적들이 이걸 즐겨 먹었던 것으로도 유명해.

《로빈슨 크루소》의 로빈슨도 바다거북을 먹었지. 《로빈슨 크루소》는 《요크의 선원 로빈슨 크루소의 생애와 그의 신기하고 놀라운 모험》을 줄인 제목이야. 1650년대 로빈슨이란 사람이 모험과 여행을 좋아해서 여기저기 다니다가 배가 난파되어 무인도에 혼자 살게 되는 이야기지.

이 책을 읽어 본 친구들은 로빈슨의 초기 섬 생활이 소년들의 시작과 흡사하다는 것을 알 거야. 로빈슨도 난파된 배에서 총이나 탄환, 여러 도구, 비상식량을 발판 삼아 여러 가지 문제들을 해결해 나가지. 그중 사냥과 낚시는 기본이야. 그 과정에서 바다거북을 잡아 고기 맛을 보게 되었지.

6월 16일 해변에서 커다란 거북 한 마리를 발견했다. 거북을 발견한 것은 처음이다. 6월 17일 하루 종일 거북을 요리했다. 거북의 배 안에는 알이 육십 개가 들어 있었다. 이 섬에 들어와 야생 염소와 새만 먹었던 내 입에도 거북 고기가 맛이 있었다.
- 《로빈슨 크루소》 중에서

《로빈슨 크루소》에서 인상적인 대목 중 하나야. 바다거북을 잡아 요리하면서 알까지 알뜰히 챙기는 부분이지. 소년들은 그래도 여럿이 먹었는데 로빈슨은 혼자서 얼마나 외로웠을까?

《로빈슨 크루소》의 이야기가 《15소년 표류기》와 비슷한 것은 우연이 아니야. 작가 쥘 베른은 《로빈슨 크루소》를 아주 좋아했고 거기서 소재를 얻어 이야기를 썼거든. 심지어 《15소년 표류기》 서문에 소년들의 모험 이야기는 한마디로 '로빈슨 기숙학교 생도들의 모험담'이라고 했을 정도야. 그래도 인심을 크게 써서 소년들이 2년 만에 섬에서 탈출할 수 있게 한 것은 얼마나 다행인지 몰라. 로빈슨처럼 28년 동안 무인도에서 살아야 했다면 정말 끔찍했을 테니까.

빨간 머리 앤

이번에는 빨간 머리에, 주근깨 가득한
사랑스러운 소녀를 소개할까 해.
바로 초록 지붕 집에 사는 앤 이야기야.
앤을 부를 땐 끝을 길게 늘여 불러 줘야 해.
'애앤.'이라고 말이야.
평범한 건 질색인 앤이 자신의 평범한 이름을
최대한 독특하게 만든 것이지.
앤의 어린 시절을 특별하게 만들어 준
추억 속 음식은 무엇이 있을까?
함께 초록 지붕 집으로 가 보자.

줄거리

《빨간 머리 앤》은 작가 루시 몽고메리(L.M. Montgomery)가 고향 캐나다 프린스에드워드 섬을 배경으로 쓴 이야기로, 원래 제목은 《초록 지붕 집의 앤》이다. 1908년에 쓰인 이래 100년이 넘도록 사랑을 받아 온 명작이다.

고아원에서 사는 앤은 심부름꾼의 실수로 남자애 대신 초록 지붕 집에 입양된다. 초록 지붕 집에는 숫기가 없어 결혼을 못하고 혼자 늙어 간 매슈 아저씨와 그의 여동생 마릴라 아주머니가 살고 있었다. 똑똑하지만 다소 엉뚱한 앤은 초록 지붕 집에 와서 친구 다이애나를 사귀고, 같은 반 개구쟁이 길버트와 아옹다옹하며 즐거운 어린 시절을 보낸다. 매슈 아저씨와 마릴라 아주머니가 앤에게 보여 주는 든든한 사랑은 작품을 읽는 내내 따뜻하게 가슴을 울린다.

원작에서는 학교 선생님이 된 앤이 결혼을 하고 아이를 낳는다. 그리고 그 아이들이 커 가는 이야기까지 이어진다. 작은 일에도 쉽게 감동하고, 어려움에도 굴하지 않는 매력덩어리 앤의 이야기에는 어른이 된 독자들도 다시금 책을 들게 만드는 힘이 있다.

손님을 맞이할 때에는
과일 절임과 케이크

캐나다 이주민들의 음식

앤 이야기를 읽다 보면 캐나다의 한 마을과 그 속의 음식들이 어딘지 익숙한 것 같으면서도 낯설단 말이지. 이 음식들에 대해 이야기하려면 우선 앤이 자란 배경에 대해 자세히 알 필요가 있어.

이야기에 나오는 초록 지붕 집은 캐나다 동남쪽에 있는 프린스에드워드 섬의 에번리 마을에 있어. 에번리 마을은 실제로 없지만 프린스에드워드 섬은 실제로 있는 곳이야. 지금도 그곳에는 작가 루시 몽고메리의 집이 있지.

1800년대 후반 프린스에드워드 섬에 사는 사람들은 화려한 음식과는 거리가 먼 삶을 살았어. 고향에서 먹고살 길이 없어 머나먼 북아메리카 대륙으로 이사해 온 사람들이니 돈이 있으면 얼마나 있었겠어. 해안가 공장에서 새우 통조림을 만들거나, 직접 키운 감자를 내다 팔아서 근근이 생활을 꾸려 나갔지.

그러니 먹을 것 역시 소박했어. 남자들이 키운 돼지와 농사지은 감자와 배추, 여자들이 산에서 딴 과일로 만든 잼과 한 번 구우면 며칠씩 먹는 빵이 주식이었어. 돼지는 1년에 한두 마리만 잡았기 때문에 소금을 잔뜩 뿌려서 말린 뒤에 먹었지. 말린 고기를 조금씩 썰어서 감자랑 넣고 끓이는 수프는 앤 이야기에 자주 등장해. 소풍을 가지 못해 절망한 앤이 돼지고기 넣은 수프는 절대 먹지 않겠다고 선언했던 대목이 다들 떠오를 거야.

이런 음식에 질릴 즈음이면 손님 초대 날이 다가왔어. 평소에 먹기 힘든 화려한 음식들을 먹을 수 있어서 손꼽아 기다리는 날이었지. 그렇게 이것저것 준비해 놓고 앤이 다 망쳐 버리기도 했지만 말이야. 목사님 부부에게 향료 대신 진통제를 넣은 케이크를 대접했던 날이 그날이야. 앤은 그런 실수를 할지도 모르고 다이애나에게 손님상 메뉴에 대해 자랑을 했었어.

"목사님 가족을 초대한다는 건 굉장한 일인가 봐. 이런 경험은 처음이야. 준비한 음식들을 너에게 당장 보여 주고 싶을 지경이야.
젤리처럼 굳힌 닭 요리, 차게 식힌 소 혓바닥 요리, 빨강과 노랑, 두 가지 색의 젤리, 휘핑크림을 얹은 레

라스베리 시럽(Raspberry syrup)
산딸기의 일종인 라즈베리를 갈아 즙을 내고 설탕을 넣어 졸인 거야. 손님상에는 물을 타서 시원하게 내면 되지.

닭고기 젤리
닭고기를 푹 끓여 살을 찢은 뒤 양념한 것을 다시 젤라틴과 함께 끓여 굳힌 음식이야.

층층 케이크
둥근 틀에 구운 케이크들 사이사이에 크림을 발라 층층이 쌓아 올린 케이크야.

몬 파이와 버찌 파이에, 세 가지 과일 케이크가 있어. 그리고 마릴라 아주머니가 자랑하는 특별한 노랑 자두 과일 절임과 층층 케이크가 있지."

– 《빨간 머리 앤》 중에서

손님상이야 집집마다 다르겠지만 대개는 이랬어. 소고기나 닭고기 요리 한 가지 정도와 케이크를 다른 종류로 두어 가지 놓고, 파이, 과일 절임을 내놓았어. 고이 모셔 두었던 좋은 그릇에 음식을 담고, 식탁 한가운데 꽃이나 장식물로 꾸미면 손님을 환영한다는 뜻을 충분히 표현했다고 볼 수 있지. 마릴라 아주머니가 목사님 부부를 위해 차린 식탁은 이랬어.

레몬 파이(Lemon pie)
밀가루 반죽을 오븐에 구운 다음, 레몬즙과 설탕, 레몬 껍질을 갈아 만든 레몬 크림을 발라 채운 후 다시 살짝 굽는 거야.

소 혓바닥 요리
소 혀와 향신료를 넣고 푹 삶아서 차갑게 식힌 후 얇게 썬 것이야.

젤리(Jelly)
과일을 갈아 그 즙에 설탕을 넣고 끓인 뒤, 틀에 넣고 식힌 거야.

그 시절 캐나다 농부들은 손님을 초대하면 며칠에 걸쳐 준비를 했어. 하루 이틀 전부터 케이크와 파이를 굽고 당일에는 고기 요리를 했지. 손님이 오기 직전에는 지하 저장고에서 오래 전부터 만들어 놓은 과일 절임을 꼭 꺼내 왔어. 과일 절임이 없으면 손님 초대상이라고 볼 수 없었지.

귀한 사람에게 대접했던 과일 절임

과일 절임은 과일에 설탕을 잔뜩 넣고 절인 과일 설탕 절임을 줄인 말이야. 당시 서양 사람들에게 가장 중요한 손님 접대용 음식 중 하나였어. 맛이 달콤하고 모양새가 화려할 뿐 아니라 제철이 아닐 때 과일을 내놓으면 귀하고 반가운 마음이 들게 하기 때문이지.

남자는 농사를 짓고 여자들은 집안일을 하던 시절, 여자의 살림 솜씨는 그 사람을 평가하는 기준이 되곤 했어. 살림 솜씨를 보여 주는 대표적 예가 과일 절임 만들기야. 과일 절임의 맛은 만드는 사람의 솜씨에 좌우되었기 때문에 잘 만들어진 것은 집안의 자랑거리가 되기도 했지. 당연히 여자들은 이 일에 많은 공을 들였어. 마릴라 아주머니도 꽤나 솜씨를 자랑했나 봐. 손님상에 늘 자랑스럽게 올려놓곤 했으니까. 앤이 다이애나와 손님 놀이를 계획할 때도 어김없이 볼 수 있어.

"작은 노란 항아리 알지? 그 안의 버찌 설탕 절임을 먹어도 좋아. 아마도 이제 맛이 들었을 거다. 그리고 과일 케이크와 생강이 든 납작 과자도 먹으렴."
마릴라 아주머니의 말이 끝나자 앤이 눈을 감고 말했다.

> "내가 식탁 주인 자리에 앉아 차를 따르는 모습이 상상이 되세요? 나는 다이애나에게 설탕을 넣겠냐고 물을 거예요. 다이애나가 설탕을 넣지 않는다는 것을 알고 있지만 모르는 척하고 물어봐야 해요. 그리고 과일 케이크와 설탕 절임을 더 들라고 권해야죠."
>
> – 《빨간 머리 앤》 중에서

과일 설탕 절임은 고대 그리스에서 시작되었어. 내려오는 이야기는 이래. 많은 사람들이 모인 자리에서, 누군가 다 같이 먹을 과일에 독을 넣을 거라는 이야기가 전해졌어. 그 사람이 누구인지도 모르고 어느 과일에 넣을지도 몰라. 그래서 생각해 낸 게, 과일 전부를 한 양푼에 썰어 넣고 꿀에 재운 뒤 덜어 먹기로 한 거야. 범인은 감히 독을 넣지 못했겠지. 자기도 먹어야 하는 상황이니까.

누가 떠올렸는지 참 좋은 생각이지 않니? 그나저나 옛날에는 독약을 넣을 때 과일을 자주 이용했나 봐. 과일에서 나는 단맛이 독약의 쓴맛을 가려 줄 테니까.

훗날 설탕이 나온 뒤로는 과일 절임에 설탕이 꿀을 대신하게 되었어. 설탕이 과일과 더 잘 어울렸거든. 설탕 절임은 점차 서유럽 전체로 퍼졌지. 그렇지만 18세기 이전에는 설탕이 너무 비싸서 과일 절임을 맘대로 먹을 수 없었어. 큰맘 먹고 거금을 들여 설탕을 사야 과일을 절일 수 있었기 때문이야. 그러니 특별한 손님이 올 때만 내놓을 수 있었겠지. 주인은 얼마나 귀한 손님인가에 따라 과일 절임의 가짓수를 달리했고, 손님도 주인이 저장해 둔 과일 절임을 내놓는지 아닌지에 따라 자신이 환영받는지 알 수 있었대.

이렇게 귀하다 보니 왕실이나 특별히 높은 사람에게 선물하기 좋았지. 나중에는 뇌물로 쓰이면서 높은 사람에게 부탁할 일이 있는 사람들은 과일 절임을 마련하느라 허리가 휠 지경이 되었지 뭐야.

과일 절임은 특히 왕이나 왕족들이 유난히 좋아했다는 기록이 많이 남아 있어. 내려오는 이야기에 따르면, 프랑스의 왕 프랑수아 1세는 과일 설탕 절임을 먹을 때면 눈물을 흘렸다고 해. 얼마나 맛있었으면 그랬을까. 또 루이 13세는 과일 절임을 좋아해서 왕 체면에 직접 부엌에 들어가서 만들어 먹곤 했다지.

♣ 보기도 좋고 먹기도 좋은 과일 설탕 절임

과일 설탕 절임에는 여러 가지가 있어. 컨서브, 잼, 마멀레이드 등 과일에 설탕을 넣고 졸이는 것은 전부 과일 설탕 절임이라고 부르지. 컨서브는 과일을 으깨지 않고 통째로 설탕을 넣어 졸여서 만들어. 잼과 마멀레이드는 형체를 알기 힘들 정도로 으깨서 뭉근하게 오래 끓이는 절임이고. 처트니는 설탕 말고도 다른 여러 향신료를 넣고 끓이기 때문에 설탕 절임으로 묶기에 살짝 애매하지만 이 역시 과일 절임 중 하나야. 그중에서 앤과 다이애나가 먹었던 자두 설탕 절임은 컨서브에 가까워. 자두를 으깨지 않고 그대로 졸여 만들었거든.

그 유명한 예언가 노스트라다무스는 특히 버찌 설탕 절임 솜씨가 뛰어났대. 어느 정도였냐면, 이탈리아에서 프랑스로 시집온 왕비 카트린 드 메디치가 이것을 아주 좋아해서 맨날 만들어 보내 달라고 했다지. 노스트라다무스와 마릴라 아주머니가 과일 절임 만들기를 겨루면 누가 이길까? 아마도 노스트라다무스가 예언하는 건 잘해도 과일 절임은 마릴라 아주머니가 한 수 위지 않을까 생각해.

특별한 날에는 역시, 케이크

설탕이 많이 들어가는 음식으로는 케이크도 못지않아. 예부터 달콤해서 인기가 많았지만 생각날 때마다 먹을 수 없는 음식이었지. 앤의 집에서도 특별한 손님이 올 때 케이크를 내어놓았잖아.

아주 옛날에 케이크는 더욱 특별하고 귀한 음식이었어. 케이크를 담던 고대 그리스 시대 그릇이 발견되었는데, 그게 최초의 케이크 흔적이야. 어떤 그릇인가 보니, 신에게 제사를 지낼 때 쓰던 것이었지 뭐야. 그보다 조금 후에 만들어진 그릇에도 케이크 흔적을 발견할 수 있었는데, 결혼식에 쓰인 것이었대. 결국 케이크는 신에게 제사를 지낼 때 특별히 만든 음식이었다가 시간이 흐르며 결혼식과 같은 특별한 행사에 사용하게 되었다는 것을 알 수 있어.

결혼식을 위해 케이크를 만들던 풍습은 로마 시대로 넘어갔어. 이때 결혼 케이크는 오늘날처럼 부풀어 오른 폭신한 빵이 아니었어. 납작하고 딱딱해서 잘 부서지는 형태였지. 그래서 사람들은 결혼식을 할 때 신부의 머리 위

에서 납작한 케이크를 부수면서 아기를 많이 낳기를 빌었대. 케이크는 밀로 만들잖아. 밀은 쌀처럼 낟알이 주렁주렁 열리는 식물이라, '밀' 하면 아기를 많이 낳는 것을 의미했거든. 나중에는 케이크가 두껍고 폭신한 형태로 변하자 쌀을 뿌리는 풍습으로 바뀌었지. 그래도 결혼식을 할 때면 케이크는 절대 빠뜨리지 않았어.

케이크가 특별한 날마다 등장했던 것에는 다른 의도도 있지 않았을까. 결혼식을 치르는 주인공이 얼마나 부자인지 자랑하려는 거지. 특히 귀족들은 더 그랬는데, 귀족들의 결혼 케이크는 1미터가 넘기도 했대. 옛날에는 설탕이 귀했잖아. 케이크가 크다는 것은 설탕을 많이 썼다는 거고, 그만큼 돈이 많다는 뜻이야. 그러니 케이크가 크면 클수록 신랑, 신부나 그 부모들이 부자라는 거지.

이제는 설탕이 아주 싸지면서 케이크도 어디서나 쉽게 볼 수 있는 음식이 되었어. 그래도 축하할 일이 생길 때 케이크를 앞에 두고 촛불을 부는 건 여전히 특별하게 느껴져.

설탕이 만든 세계사, 노예 무역

설탕에 푹 빠진 유럽

음식에는 세상의 역사를 바꿀 만한 힘이 있어. 과일 절임과 케이크를 만드는 데에 꼭 필요한 설탕을 둘러싼 이야기를 들어 보면 고개를 끄덕이게 될 거야.

설탕은 사탕수수라는 식물에서 뽑아낸 것이지. 사탕수수 줄기를 짜서 즙이 나오면 그중 물은 증발시키고 다디단 알갱이만 남기는데, 그게 바로 설탕이야. 사탕수수가 최초로 발견된 곳은 인도네시아 아래 파푸아 뉴기니쯤이라고 역사학자들은 추측하고 있어. 파푸아 뉴기니에서 경작하던 사탕수수가 인도로 퍼지면서 설탕이 탄생한 거야.

정식으로 설탕의 존재가 언급된 것은 지금으로부터 2300여 년 전, 그리스 북부 마케도니아 왕국의 알렉산드로스 대왕이 정복 활동으로 대제국을 건설하던 시기야.

알렉산드로스 군대가 인도를 정복하러 갔을 때, 부하인 네아르쿠스 장군이 인더스 강 근처를 다 둘러보고 나서 왕에게 놀라운 보고를 했어. 꿀벌도 없는데 꿀을 생산할 수 있는 갈대를 발견했다고 말이야. 벌도 벌집도 없는 곳에 갈대만 빽빽이 들어서 있는데, 그 갈대를 부러뜨려 보니 꿀 같은 액체가 나오더래. 네아르쿠스 장군은 깜짝 놀랐지. 사탕수수를 처음 봤으니 그럴 수밖에. 알고 보니, 고대 인도에서는 일찍이 사탕수수 즙을 짜 가루로 만드는 법을 알고 있었어.

 시간이 흘러, 설탕은 서쪽으로 옮겨가 아라비아 사람들에게 알려졌어. 과학 지식이 탁월했던 이들은 더욱 맛이 훌륭한 설탕 조각을 만들어 냈어. 드디어 설탕 조각의 맛을 알게 된 유럽 사람들은 설탕에 푹 빠졌어. 꿀처럼 달콤한데 텁텁하지는 않아. 산뜻한 향기도 나고 맛도 특이하거든.

 하지만 설탕은 유럽까지 들어오는 양이 너무 적어서 아주 비쌌어. 1500년대에 어느 프랑스 왕비가 책에 쓰기를 '손톱만 한 설탕 한 조각이면 비싼 레스토랑에서 신사 몇 명이 근사한 식사를 할 수 있다'고 했다니까 당시에 설탕이 얼마나 비쌌는지 알겠지?

 비싸도 없어서는 안 될 때가 있었어. 바로 약으로 쓰일 때야. 설탕을 약으로 썼다니까 이상하게 들릴지도 모르겠어. 하지만 진짜로 설탕은 중세 사람들에게 중요한 약재였단다. 우선 끈적끈적한 설탕은 다른 약끼리 쉽게 뭉치게 하고, 같이 먹으면 쓴맛을 덜 느끼게 해 줬어.

 게다가 설탕에는 소화 능력을 높이는 성분이 있어서 왕이나 높은 귀족들은 잠자기 전에 꼭 설탕이 들어간 과자를 먹었대. 잔뜩 먹은 음식을 소화시키려고 말이지.

 또 설탕은 의사들이 가장 선호하는 진통제였어. 의사들은 어딘가 아파 고통스러워하는 사람들에게 설탕 조각을 입에 물고 있으라고 했어. 아마 고통을 느끼다가도 달콤한 설탕 맛을 보면 잠시 동안 그 아픔을 잊을 수 있었기 때문이 아닐까 해. 기록에 의하면 당시 사람들은 지독한 치통에 설탕이 최고라고 생각했다고 해. 오늘날 상식에 비추어 보면 기가 막힐 일이지.

설탕을 얻기 위한 노예사냥

이렇게 귀했으니 설탕만 만들어 낼 수 있다면 부자가 되는 건 따 놓은 당상이야. 마침 아메리카 대륙 중간쯤, 작은 섬들이 모여 있는 서인도 제도가 유럽인들 눈에 들어왔어. 이 섬들은 1492년, 콜럼버스 항해를 통해 유럽에 알려졌어. 그런데 이곳 날씨가 사탕수수를 키우기 아주 적당했던 거지. 사람들은 이곳에 드넓은 농장을 만들었어. 오로지 사탕수수 한 가지만 키울 농장으로 말이야.

문제는 사탕수수를 옮겨 심기만 했지 일을 할 사람이 없었다는 거야. 유럽 사람들을 데려다 일을 시켜 보려고 했지만 일이 워낙 힘들고 벌이도 신통치 않아서 아무도 하려고 하지 않았어. 이곳 원주민을 부리려 했으나, 이들은 작은 질병만 돌아도 쉽게 죽곤 했어. 결국 생각해 낸 것이 아프리카에서 사람들을 잡아와 노예로 부리는 것이었어. 잔인한 노예사냥이 시작된 거야.

노예사냥은 유럽 사람이 아프리카 사람들을 잡아가는 걸로 그치지 않았어. 아프리카 사람이 아프리카 사람들을 잡아다 팔기도 했어. 당시 아프리카에 있는 수많은 부족 중에 베닌이나 다호메이 같은 부족민들은 다른 부족보다 잔인하고 힘이 셌어. 그들은 강력한 무기와 전투력으로 이웃 부족 사람들을 잡아다 유럽인들에게 노예로 파는 짓을 저질렀어.

유럽 사람들이 더 많은 노예를 필요로 하자 이 노예사냥꾼들은 잘됐다 싶었어. 더 많이 팔아 더 큰 부자가 되고 싶었지. 이들은 다른 마을을 침략해 수많은 사람을 붙잡아다 유럽 사람들에게 팔아넘겼어.

유럽인들은 손해 볼 게 전혀 없었어. 아프리카 여러 부족들에게 무기를 팔

〈세 대륙 사이에 이루어진 삼각 무역〉

아 돈을 엄청 벌었거든. 그 돈의 일부만 헐어 노예를 넘겨받으니 얼마나 좋아. 이 거래에서 노예 사냥꾼은 돈과 무기를 얻었고, 유럽인들은 돈과 노예를 얻었어. 노예로 잡힌 사람들만 지옥을 겪었지. 같은 땅에 살던 사람들을 붙잡아 노예로 판 사람들과 그 노예를 사서 부려 먹은 사람들 중 누가 더 나쁜 건지 가리기도 힘들 지경이야.

유럽 무역상들은 배에 무기를 싣고 와 아프리카에 넘긴 뒤, 거기서 산 노예를 무기 실었던 자리에 태워서 갔어. 그대로 바로 서인도 제도와 남아메리카로 가서 노예를 내려놓은 뒤, 다시 그 배에 설탕을 싣고 유럽으로 돌아왔지. 이것을 삼각 무역이라고 불러. 삼각 무역을 통해 유럽 사람들은 달콤한 설탕을 원 없이 얻었을 뿐 아니라 엄청나게 많은 돈을 벌어들이게 된 거야. 반면 아프리카 사람들은 계속해서 노예로 끌려갔고 영원히 고향에 돌아가지 못했지.

1500년대부터 1800년대에 끌려간 노예만 천만 명이 넘는다고 하니 얼마나 많은 아프리카인이 끌려가야 했는지 상상도 안 가. 그곳에 끌려간 노예들은 가족이나 고향을 떠난 아픔을 생각할 겨를도 없을 만큼 혹독한 노동을 견뎌야 했어.

게다가 끌려가는 동안 더욱 잔인한 일을 겪기도 했어. 아메리카까지 가는 노예선에는 팔다리를 움직일 수도 없을 만큼 빼곡하게 노예들을 태웠다고 해. 유럽인들은 이들이 아파도 절대 치료해 주지 않고 죽게 놔두었어. 치료하는 게 다시 노예를 사들이는 것보다 비쌌으니까. 그래서 배 안에서 죽어 간 노예들이 셀 수 없이 많았다고 해.

　노예선에서 살아남은 아프리카인들은 처음엔 서인도 제도와 남아메리카 대륙에서 사탕수수 농장과 광산 등지로 팔려가 강제 노동을 했어. 거기서 끝나지 않고 나중에는 북아메리카로 가, 미국에서 목화 농장의 노예로도 팔렸다고 해. 아메리카 대륙에 아프리카인들이 살게 된 것에는 바로 이런 슬픈 사연이 깔려 있단다. 어떤 사람들은 이 시기에 하도 많은 노동력을 빼앗겨서 아프리카가 지금도 발전하지 못하고 있다고 주장하기도 해. 달콤한 설탕에는 이렇게 쓸쓸한 역사도 얽혀 있다는 것, 꼭 기억하자.

달콤 쌉싸름한 추억의 간식
《작은 아씨들》

    과일 절임이 등장하는 동화책을 하나 더 소개해 줄게. 앤과 비슷한 시대에 살던 소녀들 이야기지. 바로 미국 소설가 루이자 메이 올콧이 쓴 《작은 아씨들》이야.

    이 작품은 1800년대 미국 남북 전쟁을 배경으로 하고 있어. 아버지는 전쟁에 나가고, 네 딸들이 어머니와 함께 소박하지만 단란하게 살아가는 이야기야. 의젓하고 현명한 큰 언니 메그, 씩씩하고 정의로운 작가 지망생 둘째 조, 연약하고 순수한 셋째 베스, 그리고 얌체 같고 응석받이지만 귀여운 막내 에이미까지, 네 자매가 저마다 개성을 보여 주며 아기자기한 이야기가 펼쳐지지.

    그중에서 에이미가 어떤 음식 때문에 곤욕을 치른 적이 있는데, 바로 과일 절임의 한 종류인 라임 절임이 주인공이야. 라임은 레몬과 비슷한 맛을 내지만 좀 더 작고 아주 동그란 초록색 과일이야. 당시 미국 동부에서는 라임을 절인 것이 간식으로 유행했어.

    막내 에이미는 라임 절임을 사는 게 간절한 소원이었어. 아이들 사이에 대유행이어서 저마다 학교에 라임 절임을 들고 오곤 했는데, 에이미는 돈이 없는지라 늘 얻어만 먹고 갚질 못했거든. 드디어 꿈을 이루는 날이 왔어. 큰언니 메그가 자기 용돈을 에이미에게 주었지 뭐야.

"고마워 메그 언니! 이 돈이면 진짜 오붓한 파티를 열 수 있을 거야. 일주일 전부터 라임을 먹지 못했어. 갚지 못할까 봐 나한테 주는 라임을 받지 않았거든. 생각만 해도 벌써 군침이 도네!"

다음 날 학교에 조금 늦게 도착한 에이미는 라임이 든 봉투를 뽐내고 싶어 어쩔 줄 몰랐다. 에이미는 책상 서랍 속 깊숙이 봉투를 넣어 두었다. 에이미 마치가 라임 스물네 개(한 개는 길에서 이미 먹어 치웠다.)를 나눠 주려 한다는 소문이 교실 안에

순식간에 퍼졌다.

-《작은 아씨들》중에서

애석하게도 라임 절임은 학교에서 금지된 품목이야. 그동안 라임 절임 때문에 이런저런 말썽이 많이 일어났거든. 설상가상 에이미는 가져간 라임 절임을 들키고 말아. 그 벌로 선생님에게 회초리를 맞게 되지.

이 장면이 하도 강렬한 인상을 주어선지 독자들은 늘 에이미 하면 라임 절임을 떠올리곤 해. 그러면서 그 라임 절임은 무엇이고 어떤 맛인지 궁금해하지. 라임 절임은 요즘은 잘 먹지 않는 군것질거리라 더 그런 것 같아.

기록을 찾아보면 이 라임 절임은 정확히는 설탕 절임이 아니라 라임 소금 절임이야. 소금에 과일을 절이는 건 별로 놀랄 일이 아니야. 원래 신 과일에 소금을 뿌리면 단맛이 느껴진단다. 베트남이나 태국 같은 동남아시아에서도 덜 익은 과일을 소금에 찍어 먹곤 하지.

당시 미국은 서인도 제도에서 라임을 많이 수입했어. 라임도 과일이라 오랫동안 배에 싣고 오다 보면 잘 상했기 때문에 고심 끝에 라임을 바닷물에 담가서 가지고 오기로 했대. 도착해 맛을 보니 그 라임은 시지 않고 오히려 단맛이 나는 거야.

사탕 가게 주인들은 달콤한 라임 절임을 유리병에 담아 놓고 아이들 간식으로 팔았어. 한쪽을 잘라 쪽쪽 빨아먹으면 달콤새큼한 것이 입이 심심할 때 제격이었지. 에이미가 가져온 라임 절임이 바로 그것이야.

초원의 집

아무도 살지 않던 숲이나 황무지에서
땅을 일구고 집을 짓고 사는 건
지금 우리로서는 상상하기 힘들어.
1800년대 미국에서는
그런 일상을 사는 사람들이 있었지만 말이야.
당시 미국에 정착한 사람들은 척박한 환경에서 살면서
새로운 방식으로 음식을 만들어 먹었어.
그곳에 살던 한 가족의 일상을 통해
어떤 음식들을 즐겼는지 들여다볼까?

줄거리

〈초원의 집〉 시리즈는 미국 동화 작가 로라 잉걸스 와일더(Laura Elizabeth Ingalls Wilder)가 자신의 어린 시절 이야기를 동화로 쓴 것이다. 어린 로라가 성장하여 결혼 생활을 하기까지 1800년대 후반 미국 서부를 배경으로 로라네 가족의 미국 정착기가 펼쳐진다.

로라네 가족은 처음 정착한 곳에서 생활이 여의치 않자 이주를 하게 된다. 하지만 새로운 이주지에서도 순탄하지 않다. 모기 떼 때문에 말라리아 열병도 걸리기도 하고, 맹수들의 위협도 받는다. 게다가 인디언 영토로 이주해서는 정부의 허가 문제로 떠나게 되는 등 계속해서 어려움이 닥친다. 그래도 로라의 부모는 자식들을 따뜻하게 보살피고 어려운 환경 속에서도 가족들은 행복을 느끼며 살아간다. 〈초원의 집〉은 로라 가족이 보여 주는 희망의 메시지가 돋보이는 작품으로 드라마 시리즈로 제작되기도 하였다. 1880년경 미국 서부 개척민들의 생활을 자세히 묘사해 역사와 문화사에서 중요한 자료가 되기도 한다.

서부 개척 시대를 말해 주는
베이컨과 버터

아메리카 정착민의 식탁

　1800년대 중후반까지 미국으로 이민 온 유럽인들은 주로 동부 해안에 모여 살았어. 그리하여 미국 정부는 서쪽 지역까지 영역을 확장하기 위해 사람들을 서쪽 지역으로 이주시키고 땅을 개발하는 정책을 적극적으로 펼쳤어. 이 시기를 '서부 개척 시대'라고 부르지. 이 시기에는 그야말로 황무지나 자연 그대로의 숲에서 사람의 손으로 직접 집을 짓고 땅을 일구었어.

　〈초원의 집〉 시리즈는 바로 이 서부 개척민의 이야기야. 주인공 로라와 그 가족이 서부에 온 뒤 어떤 일상을 보냈는지 꼼꼼하게 기록한 내용이지. 로라의 이야기 속에는 유난히 음식을 만드는 내용이 자주 나와. 거의 매 쪽마다 있지.

　이유는 간단해. 당시 미국 서부에는 시장이나 상점이 아예 없었기 때문이야. 지금이야 마트나 시장에 가면 부위별로 다듬어진 고기에 종류별로 포장된 채소까지 손쉽게 구할 수 있잖아. 하지만 1800년대 말 북아메리카에서는 꿈도 꿀 수 없는 이야기야. 사람도 얼마 없고, 학교, 관청, 가게 같은 것들은 하나도 없었어. 그저 가도 가도 끝없는 숲만 펼쳐져 있었지.

　그래서 모든 것을 스스로 구해야 했어. 고기를 먹으려면 사냥을 하고, 부위별로 다듬고, 남아 썩는 일이 없게 갈무리해야 해. 채소는 또 어떻고. 땅을 파고, 심고, 잡초 뽑아 기르고, 수확하고……. 휴, 채소 하나 먹기 위해 하는 일이 이렇게 많아. 그러니 그냥 일상을 묘사한 건데도 계속해서 먹는 것에 관한 이야기가 나올 수밖에 없지.

로라네 부모님들이 하루를 보내는 걸 보면 무슨 말인지 알 수 있을 거야. 로라 아빠는 초원이건 산속이건 뚝딱뚝딱 집을 짓고, 수레며 울타리며 각종 필요한 물건까지 모두 만들어 내. 낚시랑 사냥에 농사짓기까지 가족들의 먹을거리를 마련하기 위해 온갖 일을 하지.

엄마 역시 쉴 틈이 없어. 옷 짓는 일은 기본이고 매끼 요리를 하고 틈틈이 버터와 치즈도 만들고, 사냥한 고기를 손질해서 저장까지……. 하루 일과 대부분이 먹기 위해 하는 일이라고 해도 과언은 아니야. 그러니까 책 한 장이 넘어가기 무섭게 사냥하고 채취하고 재료를 저장하는 일이 벌어지지 뭐야.

그래서 즐거운 건 이 책을 읽는 독자들이야. 지금은 보기 힘든 장면들이잖아. 일일이 손으로 구해서 만들어 먹는 것을 자세하게 알 수 있으니 얼마나 신기하고 재밌겠어? 바로 이런 장면처럼 말이야.

돼지 꼬리가 지글거리며 익어 갔다. 돼지 기름이 숯불 위로 뚝뚝 떨어져 불꽃을 피웠다. 엄마는 돼지 꼬리에 소금을 뿌렸다. 로라와 메리의 손과 얼굴이 점점 뜨거워졌다. 마침내 돼지 꼬리가 다 구워졌다. 로라와 메리는 돼지 꼬리를 식히려고 마당으로 가져갔다. 하지만 다 식기도 전에 맛을 보다가 그만 혀를 데고 말았다. 로라와 메리는 살점을 다 뜯어 먹은 다음 뼈를 잭한테 던져 주었다. 잭은 꼬리를 흔들며 돼지 꼬리뼈를 먹었다. 돼지 꼬리를 다시 맛보려면 내년까지 기다려야 했다.

-《초원의 집》 중에서

놀잇감이 딱히 없던 로라 자매에게 먹을 것을 마련하는 일은 생활이자 놀이였어. 특히 돼지 잡는 날은 가장 재미있는 행사였지. 이웃이나 온 가족이 동원되어야 하는 힘든 날이지만 아이들에게는 별미를 맛볼 수 있어 신나는 날이기도 해. 바로 돼지 꼬리 굽기가 이 날만 가능하기 때문이야. 돼지 한 마리에 꼬리는 딱 하나니까 애타는 게 당연해.

돼지 꼬리는 맛도 맛이지만 굽는 재미도 쏠쏠해. 꼬챙이에 꿰어서 불에 올린 뒤 소금을 솔솔 뿌리고 기다리면 껍질이 살짝 부풀어 올라. 껍질이 볼록해질수록 긴장돼서 침이 말라 입이 쩍쩍 달라붙곤 해. 이리저리 꼬챙이를 돌려 가며 골고루 굽다 보면 노릇하게 구워진 살에서 고소한 냄새가 나지. 코를 벌름거리며 냄새를 맡다가 참을 수 없어서 한 입 뜯으면 그 맛이 아주 기가 막혀. 꼬리에 붙은 살은 다른 살코기와 달리 쫄깃해서 한번 맛보면 헤어날 수 없는 맛이야.

꼬리가 딱 하나밖에 없어 아쉽다면 헤드치즈를 먹으면 돼. 돼지 머리 부분에는 꼬리처럼 콜라겐이라는 쫄깃한 살이 많아서 꼬리와 비슷한 맛이 나거든. 말랑말랑하고 뽀얀 우유색이 치즈랑 비슷해서 헤드치즈라고 부르지.

헤드치즈를 만드는 방법은 이래. 로라 엄마가 돼지 머리를 푹 삶아 고기를 발라내어 보자기에 꽁꽁 싸맨 뒤 무거운 것으로 꾹 눌러놓은 장면 기억 나지? 차갑게 식힌 후에 보자기를 펼쳐 보니 고기들이 투명한 젤리 속에 뭉쳐 있었지. 이것을 얇게 썰어 먹으면 쫄깃쫄깃하고 고소한 게 정말 맛이 좋아. 젤리 같다라고나 할까? 그래서 서양 사람들은 이것을 '고기 젤리'라고도 부른대. 우리나라나 중국에서는 편육이라고 해.

로라네는 돼지고기 말고도 곰과 사슴을 많이 먹었어. 곰과 사슴은 북아메리카에서 가장 흔히 볼 수 있는 야생 동물이지. 특히 곰은 사람들의 식량을 자주 훔쳐 먹었기 때문에 곰을 잡으면 식량도 지키고 새로운 식량이 생기는 셈이라 일석이조였어.

또 단풍나무 시럽도 필수 식량 중 하나야. 메이플 시럽이라고도 부르는 이것은 2월부터 3월까지 단풍나무에서 채취한단다. 이 시기 밤에는 여전히 춥지만 낮은 따뜻해서, 일교차로 인해 나무속에 틈이 생겨. 이 틈 속에 빨대 모양의 막대기 관을 꽂아 두면 틈에 고인 나무의 수액이 관을 타고 흘러나와. 이것을 냄비에 넣고 졸이면 꿀처럼 달콤하고 끈적끈적한 액체가 돼. 이 액체가 바로 단풍나무 시럽이야. 이 방법을 배운 덕분에 로라네 가족들은 케이크나 빵, 과일 절임 등 좀 더 다양한 음식을 먹을 수가 있었어. 로라 가족이 자주 먹은 음식들로 오른쪽에 식탁을 차려 봤어.

소금물에 풍덩 빠진 돼지

로라 엄마가 돼지를 잡아 부위별로 나누는 솜씨를 보면 입이 쩍 벌어져. 이렇게 노련하게 돼지고기를 다루게 된 건 해마다 해 온 덕분이야.

어느 나라, 어느 민족이나 먹고 남은 것들을 썩지 않게 하기 위해서, 또는 음식으로 만들 재료가 부족할 때를 대비해서 저장을 하지. 저장을 하는 재료로는 고기, 생선 같은 해산물, 과일 그리고 채소 등 먹을거리 대부분이 해당돼. 이 재료들을 소금이나 설탕에 절여 두기도 하고, 굴속이나 땅속에 넣어 두기도 하고, 훈제를 하거나 얼리기도 하지. 로라네 엄마도 해마다 이 일을 해 온 거야.

보통 겨울이 되기 직전에 이 작업을 시작해. 로라네는 가난해서 한 마리지, 나중에 로라의 남편이 될 알만 조의 집에서는 소 한 마리에 돼지를 다섯 마리씩 잡곤 했어. 어느 집이든 꼭 하는 걸 보니 얼마나 중요한 행사인지 대충 감이 와. 이 날이면 다들 얼마나 분주하게 움직였는지 다음 대목을 보면 알 수 있어.

아빠와 외삼촌은 식은 돼지를 나무에서 내려 칼로 토막을 냈다. 넓적다리, 어깨, 옆구리, 갈비, 뱃살을 따로 분리했다. 염통과 간, 혀, 머리도 모아 두었다. 쟁반에는 부스러기 살점들이 가득 담겨 있었는데 이것은 나중에 소시지로 쓰일 것이다. 고기 토막들은 뒷문 옆 헛간으로 옮겨서, 널빤지 위에 펼쳐 놓고 소금을 뿌렸다. 넓적다리와 어깨는 훈제하기 위해 빈 통나무 속에 넣고 소금물로 절였다.

-《초원의 집》중에서

빈 통나무 속에서 훈제하기 위해 소금물로 절이는 일은 햄과 베이컨을 만드는 과정이야. 햄과 베이컨을 만들어 먹던 풍습은 굉장히 오래전부터 이어져 왔어. 언제부터인지 정확하진 않지만, 대략 로마 제국 시대 이전일 것이라고 추측하고 있어. 고대 로마 시대에 갈리아 지역 사람들이 소금에 절인 돼지고기를 즐겨 먹었다는 이야기가 있거든.

갈리아 지역이란 오늘날 프랑스와 스위스 일대를 가리키는데, 당시 이 지역에는 숲이 울창해서 돼지가 많았대. 덕분에 갈리아에서는 돼지고기를 참 많이 먹었다지. 갈리아 사람들은 항상 고기를 굽고 쪄서만 먹었어. 그러다 새로운 방식으로 먹는 법을 발견했는데 그게 햄과 베이컨이야. 어떻게 발견했는지 전해 내려오는 이야기가 있는데 참 재미있어.

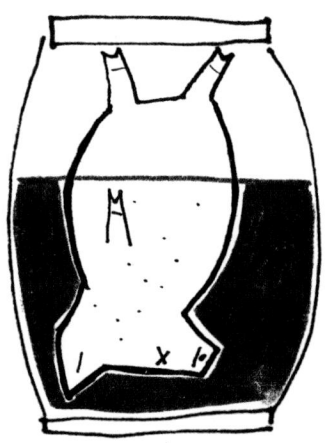

갈리아 사람들이 살았던 지금의 프랑스 땅, 피레네 산맥 어딘가에 바닷물보다 짠 소금 호수가 있었대. 어느 날 숲속을 헤매던 멧돼지가 발을 헛디뎠는지 소금 호수에 빠져 죽고 말았어. 며칠이 지나 호수 위로 돼지가 동동 뜨는 걸 본 사람들은 물이 썩을까 봐 얼른 건져 올렸지. 그런데 물이 어찌나 짰던지 며칠이 지났는데도 돼지가 하나도 상하지 않았더래.

그래서 사람들은 부위별로 고기를 잘라서 구워 먹어 보았어. 그런데 그 맛이 기가 막혔지. 평소 막 잡은 돼지를 요리해 먹던 것과는 완전히 다른 맛이었어. 그 뒤로 사람들은 돼지를 잡아 일부러 소금물에 담가 두었다가 말려서 먹기 시작했어. 맛도 좋고 오래가니 일석이조였지. 부위별로 나누어 기름이 적고 단단한 등심과 다리 살로 만든 것은 햄이라고 부르고, 기름이 많은 뱃살로 만든 것은 베이컨으로 불렀단다.

갈리아 사람들의 햄과 베이컨은 로마 제국으로 넘어갔다가 나중에 유럽 전체에 퍼졌어. 그러면서 만드는 기술이 더 발전했어. 그 기술이 뭐냐면, 천장에 고기를 매달아 놓아 연기를 쐬게 하는 방식이야. 이런 방식을 훈제라고 하지.

옛날 유럽 가정에서는 대개 방 한쪽에 장작불을 때고 그 위에 냄비를 걸어 요리를 했어. 우리나라처럼 아궁이나 굴뚝이 있는 게 아니어서 요리를 할 때면 방에 연기가 꽉 차서 앞도 분간하기 힘들었지. 이런 곳 천장에 소금에 절인 고기를 걸어 놓으니 열로 인해 잘 마르기도 하고 연기가 스며들어 맛이 더 좋아진 거야. 그 뒤로는 고기를 소금에 절이기만 하지 않고 오랫동안 연기를 쐬는 과정을 한 번 더 거치게 되었어.

부엌 천장에 매달아 두면 좋은 점이 또 있었어. 겨우내 아무 때나 조금씩 잘라서 요리하기 편하다는 점이지. 단, 절대 사람들이 자주 다니는 곳에는 매달면 안 돼. 예부터 내려오는 무시무시한 얘기가 하나 있거든. 그 얘기가 뭔고 하니, 옛날 어느 집에선가 천장에 매달려 있던 햄이 떨어지는 바람에 지나가던 노인이 죽었대. 돌도 아닌 고기에 사람이 맞아 죽다니 이상했겠지. 이 모저모 살펴본 사람들은 돼지가 저주를 걸어서 죽었다고 생각했어. 왜 자신을 잡아먹었냐 이거야. 그 뒤로는 햄이 걸린 곳을 지나가면 맞아 죽게 된다는 속설이 생겨서 사람들이 오가는 곳에는 절대 햄을 걸어 두지 않았다고 해.

♣ 먹어서는 안 되는 그것, 어떤 고기

글로벌 시대에 사는 우리는 세계 여러 나라 사람과 만날 일이 많아졌어. 다른 나라 사람들은 우리와 문화가 다르기 때문에 특별히 조심해야 하는 일들이 있지. 특히 식사를 대접하거나 할 때 큰 결례를 범하지 않도록 주의해야 해. 대부분의 결례는 상대방이 어떤 종교를 믿는지 미리 알면 피할 수 있어.

유대인들은 돼지고기를 먹으면 안 돼. 성서에 되새김질하는 고기만 먹을 수 있다고 되어 있어서 소와 양은 먹을 수 있어. 닭은 죄를 반성할 때 죽이는 것이라 깨끗하다고 해서 먹어도 돼. 이슬람을 믿는 사람들은 알라신의 말씀을 담은 책, 코란에 돼지고기와, 썩은 고기, 피를 먹지 말라고 분명히 밝혀서 돼지고기를 절대로 먹지 않아. 유대교나 이슬람교가 발생한 지역은 숲이 없는 사막이어서 돼지가 없었어. 그래서 아주 옛날부터 돼지에 대해 막연히 혐오하는 마음이 있었어. 종교에도 그런 마음이 반영된 게 아닐까 생각해.

인도의 많은 지역에서는 반대로 소고기 음식을 금지해. 인도 사람들이 믿는 힌두교에서 소를 숭

상하기 때문에 소고기를 먹는 것은 절대 안 되는 일이지. 어떤 문화학자는 농사에 소가 필수였던 인도는 당연히 소를 먹지 않았고, 그 풍습이 종교에 스며들어 소고기를 금지하게 되었다고 해. 그러니 혹시 다른 나라 사람들을 만날 일이 있거든 꺼리는 음식이 있는지 꼭 물어보도록 해.

우유 속 기름, 버터

로라네 겨울 준비 과정에는 버터를 만드는 장면도 자세하게 나와.

크림이 준비되면 엄마는 교유기(버터를 만드는 기계) 위에 나무 뚜껑을 덮었다. 뚜껑 한복판에는 작은 구멍이 뚫려 있었는데, 엄마는 그 구멍에 긴 막대기를 집어넣고 저었다. 엄마는 땀을 흘리며 막대기를 저었다. 엄마가 쉴 때에는 메리가 대신 저었다. 엄마가 뚜껑을 열면 교유기 안에는 황금빛 덩어리 모양의 버터가 가득 담겨 있었다. (중략) 엄마는 버터를 모두 찍어 내면 로라와 메리에게 버터밀크를 한 잔씩 주었다.

－《초원의 집》중에서

보다시피 버터를 만드는 것은 참 어려운 작업이야. 장난치듯 철벅거리는

교유기

것 같지만 사실 젓는 방향이 일정해야 하고, 아주 오랫동안 저어야 하기 때문에 무척 고생스럽지. 그래도 빵이 주식인 서양인에게는 꼭 있어야 했기 때문에 주부들이 고생을 많이 했어. 맛은 물론이거니와 색깔까지 신경을 쓸 정도니 말 다했지 뭐. 로라 엄마도 겨울 우유가 희끄무레하다며 맛난 색깔이 나도록 당근즙을 넣었지.

로라와 메리는 버터밀크를 마시는 즐거움도 놓치지 않았어. 버터 덩어리를 빼고 남아 있는 액체를 버터밀크라고 부르지. 과자를 만들 때도 넣고 그냥도 마시는데 이보다 고소한 것이 없을 정도야.

버터를 만드는 방법은 중앙아시아 초원에서 살아가는 유목민들이 처음 발견했다고 해. 유목민들은 말을 탄 채 여기저기 뛰어다니며 양이나 라마를 몰고 다녔어. 그러다 배가 고파지면 말에 달아 둔 주머니를 열어 보았지. 염소젖이나 양젖이 담긴 주머니에는 기름 덩어리가 둥둥 떠 있었다고 해.

버터가 만들어지는 원리를 알면 어떻게 된 일인지 금방 알 수 있어. 원래 동물의 젖에는 지방과 단백질이 녹아 있어. 그래서 동물의 젖을 통에 넣고 계속 흔들면 서로 부딪히면서 지방이 물에서 떨어져 나와 자기들끼리 뭉치게 돼. 이렇게 뭉친 기름 덩어리가 바로 버터야. 나중에는 버터를 만들어 먹기 위해 일부러 우유를 주머니에 넣고 흔들었지.

버터는 오랜 시간 후에야 다른 지역에 퍼졌어. 치즈보다 더 오래 걸렸다고 해. 유럽에 퍼지기까지는 거의 수천 년이나 걸렸고, 동아시아에 넘어온 건 100년이 조금 지났을 뿐이야. 빵 대신 밥이 주식인 아시아야 그렇다 치고 유럽에서는 왜 늦게 퍼지게 되었을까? 유럽에는 이미 기름이 있었기 때문이야. 유럽 남부에 있는 로마나 그리스 사람들은 지중해 지역에서 나는 올리브 열매에서 기름을 짜서 썼고, 서유럽 사람들은 돼지비계를 녹여 만든 라드를 썼거든. 버터가 없어도 이것들이면 충분했어.

그러다가 16세기에 이르러서야 버터를 먹기 시작했는데, 우유가 풍부했던 낙농업의 고장 북유럽이 그 출발점이 되었지. 네덜란드, 덴마크 등의 북유럽 사람들이 얼마나 버터를 즐겨 먹었던지 다른 지역 사람들은 북유럽 사람들이 버터를 많이 먹어서 유난히 피부가 하얗다고 믿기도 했대.

지금은 세계 어디서든 버터를 찾아볼 수 있지만 예전 식습관은 무시할 수 없나 봐. 올리브가 많이 나는 남유럽 사람들은 여전히 올리브기름을 주로 먹고, 소를 많이 키우는 북유럽 사람들은 버터를 많이 먹으니까 말이야.

버터가 만든 세계사, 종교 개혁

참을 수 없는 유혹, 버터

버터는 늦게 전파되었지만, 일단 맛을 본 사람들은 모든 음식에 버터를 넣기 시작했어. 버터를 넣으면 음식이 더 고소하고 부드러워졌기 때문이야. 빵이나 케이크는 물론이고 각종 소스에도 들어갔지. 유럽에서 버터는 필수품이 되어서 없으면 괴로울 정도가 되었어. 그 때문에 역사에 큰 문제를 일으켰지.

문제는 교회에서 시작되었어. 중세 시대 유럽은 교회에서 무슨 일이든 좌지우지했어. 그래서 교회가 시킨 일은 반드시 지켜야 했지. 먹는 것에도 예외는 없었어. 특히, 예수의 고난과 부활을 기리는 '사순절' 기간이나 종교적으로 반성해야 하는 기간에는 붉은 고기를 금지했어. 그 말은, 모든 육류와 달걀, 우유, 버터도 먹을 수 없다는 뜻이야. 육식이 욕심, 사치, 폭력 등을 불러일으킬 수 있다는 이유였지.

교회에서 말한 대로 철저하게 지키자면 붉은 고기류를 못 먹는 날이 1년에 160일은 넘었어. 이미 버터 맛을 알게 된 사람들은 죽을 맛이었어. 못 먹는 음식을 이것저것 다 빼면 먹을 거라곤 빵과 생선뿐인데, 빵을 먹으려면 버터가 있어야 하잖아. 그러니 버터만은 제외해 달라고 했지만 통하지 않았지.

그러다 도저히 못 참겠다며 돈을 써서 몰래 먹는 사람들이 생겼어. 죄를 저질러도 용서를 받을 수 있는 증서를 돈으로 사서, 버터를 먹고 이 증서를 내밀었지. 이 증서의 이름은 면죄부야. 면죄부는 교회에서 돈을 받고 파는 특별 면제권 같은 증서였어. 면죄부만 있으면 죄를 지어도 용서받고 천당에 갈 수 있다고 했지. 다만 한 장으로 모든 죄를 한꺼번에 면제받는 것이 아니라 하나의 죄에 하나의 면죄부가 필요했어.

면죄부가 생긴 이유는 교회 지을 돈이 필요해서야. 어차피 모든 사람이 죄를 짓지 않고는 살 수 없잖아. 그러니 면죄부가 있으면 죄를 지은 사람은 이를 용서받고, 교회는 돈을 벌 수 있으니 꿩 먹고 알 먹고라고 생각했지. 그런데 돈에 눈이 먼 성직자들이 점점 많은 면죄부를 만들어 팔게 되었어. 성직자들은 집도 사고 온갖 사치품도 사서 호화롭게 살 수 있으니 좋더란 말이지. 교회는 점점 더 부패했어.

종교 개혁을 불러온 버터

면죄부 때문에 교회는 썩을 대로 썩어 갔어. 돈 있는 사람들은 면죄부를 이용해 교회에서 금지하는 일을 마음껏 할 수 있었어. 사회가 점점 혼란해지기 시작했어.

버터를 먹어도 되는 면죄부는 특히 인기였어. 면죄부만 있으면 사순절에도 버터를 마음껏 먹을 수 있으니, 버터를 좋아하는 사람들에게는 정말 탐나는 것이었지. 그래서 선물로도 주고받았어.

중세 시대에는 프랑스 북서쪽에 브르타뉴라는 작은 나라가 있었어. 이곳을 다스리던 앤 공주는 프랑스 왕과 결혼할 때 결혼 선물로 버터를 먹어도 되는 면죄부를 받았어. 선물을 준 사람은 가장 높은 성직자인 교황이었어. 교황은 어차피 자기 돈이 들지 않아서인지 통 크게 쐈어. 공주 혼자에게만이 아닌 브르타뉴 사람들 모두에게 면죄부를 선물로 주었거든.

원래 브르타뉴 지방은 낙농업이 발달해서 버터를 많이 생산했어. 그러니 그 지방 사람들은 버터를 자주 먹었지. 버터 없이는 못 사는 사람들에게 버터를 먹어도 되는 면죄부를 가져다주니 얼마나 좋았겠어. 면죄부는 앤 공주의 인기가 높아지는 데에 아주 중요한 역할을 했대. 면죄부가 정치적으로도 이용된 거야.

버터만 그랬겠어? 교회에서 금지한 일이 얼마나 많았겠어? 그러니 면죄부 팔 일도 많았지. 어떤 도둑은 도둑질을 했으니 천당 가기는 틀렸다 싶었는데, 누가 도둑질한 죄를 용서해 주는 면죄부를 샀다는 걸 알고 그 면죄부를 훔쳤더란다. 웃긴데 웃지 못할 이야기지. 교회에서는 돈이 되니까 면죄부 파는 걸 멈출 수가 없었나 봐. 교회는 시간이 갈수록 면죄부에 갖가지 이름을 붙여 더 많이 팔았어. 하지만 무엇이든 지나치면 탈이 나는 법이야. 사람들은 교회가 타락해 돈만 밝힌다고 지적하기 시작했어.

1500년 초 마르틴 루터라는 독일인이 용기를 내 앞으로 나섰어. 그는 교회의 타락을 지적하며 면죄부 판매가 얼마나 잘못되었는지를 글로 적어 교회의 정문에 붙였지. 무려 아흔다섯 개나 되는 항목으로 나누어 무엇이 잘못되었는지 조목조목 지적했어. 이 내용이 널리 퍼지며, 사람들은 교회의 문제를 심각하게 인식하고 교회를 믿지 못하게 되었지.

이로 인해 루터는 당시 권력이 어마어마했던 교회로부터 쫓겨 다녔지만 유럽 작은 나라들의 지지를 받게 되었어. 루터를 따르는 사람들은 타락한 교회를 개혁하자고 외쳤어. 그 결과 기독교는 교황을 따르는 기존 세력인 가톨릭과 이에 대항하는 새로운 세력인 프로테스탄트로 나뉘어 대립하게 되었어. 이 사건을 종교 개혁이라고 해.

종교 개혁 이후로 사람들 생각에도 큰 변화가 생겼어. 지금까지는 무슨 일을 하든 교회에서 하라는 대로만 하다가 사고의 중심이 바뀐 거야. 사람들의 생각이 교회 중심에서 사람 중심으로 변화한 거지. 이건 당시로서는 굉장히 충격적인 일이었어. 철학과 과학은 물론 예술, 생활 방식까지 모든 분야에서 변화가 일어났기 때문이야.

한 가지 재밌는 사실은, 종교 개혁을 일으킨 루터를 지지한 지역이 전부 버터를 생산하는 곳이었다는 거야. 바로 유럽 북부와 알프스 지역이었지. 이곳들은 낙농업으로 버터나 치즈 같은 유제품을 팔아 생활을 이어 가던 지역이라는 공통점이 있어. 교회가 버터를 금지하니 이 지역 사람들은 먹고살기 어려워졌던 거야. 그래서 종교 개혁을 적극 지지했고 결국 가톨릭교회의 지배에서 벗어나 자유롭게 경제 활동을 할 수 있었다는 주장도 있어. 이렇게 보면 종교 개혁이란 큰 물결을 일으키는 데 버터가 한 줌의 바람 역할을 했다고 할 수 있겠지?

이야기 한 접시 더

맛있는 추억은 비슷해
《로빈 후드》와 《키다리 아저씨》

    햄과 베이컨을 만드는 과정이 제대로 나온 또 다른 이야기를 소개할게. 바로 《로빈 후드》야. 로라네처럼 겨울을 준비하는 장면이 나오는데, 베이컨을 훈제하고, 사과를 난로에 구워 먹지.

    햄과 베이컨은 빠듯한 삶을 이야기할 때 빠질 수 없는 음식이야. 부지런히 몸을 움직여 햄과 베이컨을 넉넉하게 준비하고 나면 보기만 해도 배가 부르거든.

> 가을철은 갖가지 식료품들을 창고에 차곡차곡 쌓아 두는 계절이기도 했다. 술 저장실에는 맥주가 가득하고, 훈제실에는 햄과 베이컨이 주렁주렁 매달려 있었다. 짚단 속에는 겨울 동안 먹을 사과가 가득했다. 삭풍이 눈보라를 몰고 오는 추운 겨울, 난롯가에서 구워 먹는 사과는 그야말로 별미였다.
>
> –《로빈 후드》 중에서

    1200년대 영국에서 살던 로빈 후드의 생활이 1800년대 미국에서 살던 로라네와 흡사한 걸 보면, 로라네 가족은 영국에서 건너온 이민자의 후손임에 틀림없어. 시기별로 준비하고 먹는 것이 똑같아도 이렇게 똑같을 수가 없거든.

    로빈 후드와 그 부하들은 셔우드 숲이란 곳에서 숨어 살면서 나쁜 부자들과 탐관오리를 혼내 주고, 그 돈을 빼앗아서 가난한 사람들에게 나누어 주는 의적이야. 우리에

게는 친숙한 홍길동이나 임꺽정과 비슷하지.

　로빈 후드와 부하들은 숲속에 살다 보니 야생동물을 사냥해 먹을 수밖에 없었어. 특히 노루 고기와 사슴 고기는 수시로 먹었어. 꼬치에 꿰어 모닥불에 구어 먹은 모습을 보면 오늘날 바비큐와 비슷한 느낌이야. 평소에는 바비큐로 먹다가 겨울이 오기 전이면 짐승들을 더 잡아 햄과 베이컨으로 만들었던 거지.

　1800년대 후반 북아메리카를 배경으로 한 작품으로 《키다리 아저씨》를 찾아 읽어도 좋을 것 같아. 고아원에서 사는 주인공 주디가 한 후원자의 도움으로 대학에 진학하며 꿈을 키워 가는 이야기야. 그 후원자를 주디는 키다리 아저씨라고 부르지. 씩씩하게 꿈을 위해 노력하는 주디의 모습을 보면 어쩐지 초록 지붕에 살고 있는 앤이 생각나기도 해.

　《키다리 아저씨》 하면 꼭 단풍나무 시럽이 떠오른단다. 단풍나무 시럽은 북아메리카를 배경으로 하는 이야기에선 단골 메뉴야.

　여우들은 거기서 우유와 꿀, 비스킷을 먹고 있었어요. 우리 사냥꾼 팀은 메뚜기 떼처럼 달려들어 꿀을 달라고 외쳤어요. 딸기 잼 한 병과 단풍 시럽 한 통까지 먹어 치운 우리는 6시 30분이 되어서야 학교로 돌아왔어요. 그러고는 곧바로 식당으로 향했지요. 그렇게 먹었는데도 어찌나 배가 고프던지!

-《키다리 아저씨》 중에서

　주인공 주디가 대학 기숙사 친구들과 여우사냥꾼 놀이를 하는 장면이야. 여우 팀 친구들이 흔적을 남기고 도망가면 사냥꾼 팀 친구들이 쫓는 놀이이지. 단풍나무 시럽이 얼마나 맛있으면 한 통을 다 먹어 치웠을까.

　주디는 유난히 단것을 좋아해서인지 디저트와 얽힌 일들을 많이 겪어. 방학 때 모두가 떠난 기숙사 식당에서 사탕을 만들어 먹질 않나, 레몬 젤리를 먹으면서 수영장에 젤리가 가득 찬 것을 상상하기도 하고 말이야. 역시 따뜻한 추억에는 달콤한 음식도 빠지지 않는 것 같아.

삐삐 롱스타킹

삐삐로타 델리카테사 윈도셰이드 맥크렐민트
에프레임즈 도우터 롱스타킹
(Pippilotta Delicatessa Windowshade Mackrelmint
Ephraim's Daughter Longstocking)
무슨 소리냐고?
바로 삐삐의 정식 이름을 소개한 거야.
이름이 하도 길어서 맨 앞과 맨 뒤만 따
그냥 삐삐 롱스타킹이라고 부른대.
이 특이한 이름의 주인공은 어떤 음식을 좋아했을까?

5+8

줄거리

　스웨덴 작가 아스트리드 린드그렌(Astrid Lindgren)이 쓴 〈삐삐 롱스타킹〉은 《내 이름은 삐삐 롱스타킹》, 《삐삐는 어른이 되기 싫어》, 《꼬마 백만장자 삐삐》로 구성된 시리즈다.

　삐삐는 주근깨 가득한 얼굴에 빨간 머리를 두 갈래로 따고, 무릎 위로 올라오는 긴 양말에 커다란 구두를 신고 다니는 소녀다. 엄마는 돌아가셨고 아빠는 항해 중 파도에 휩쓸려 실종되었지만, 삐삐는 엄마는 천국에서 내려다보고 있고, 아빠는 해적 선장이었다가 식인종 섬의 왕이 되었다고 믿고 있다. 삐삐는 뒤죽박죽 별장에서 원숭이 닐슨 씨를 가족 삼아 홀로 살아가지만 옆집 친구 아니카와 토미 남매가 있어 외롭지 않다. 천하장사라 무서울 것도 없고, 아빠가 남긴 금화 덕분에 굶주릴 걱정도 없다. 겉으로 보면 어른들 말에 엉뚱한 답을 하고, 꼬박꼬박 말대답하는 당찬 아이지만, 약한 사람을 돕고 나쁜 사람은 혼내 주는 마음 따뜻한 아이다. 출간 당시 삐삐의 겉모습에 어른들은 이 책을 곱지 않은 시선으로 보기도 했다. 그래도 아이들은 삐삐 이야기에 속이 뻥 뚫린 듯 신난다고 이야기한다. 출간된 지 70년이 훌쩍 넘었지만 지금도 많은 아이들의 사랑을 받고 있다.

북유럽의 독특한 청어 요리, 청어 초절임 샌드위치

삐삐의 나라에서 맛볼 수 있는 독특한 음식

삐삐는 이름뿐 아니라 성격도 무척 개성 있어. 집도 특별하고 말이야. 그렇다고 음식까지 아주 특별한 것만 먹는 건 아니야. 삐삐도 평소에는 자신이 사는 북유럽의 평범한 음식들을 먹고 지내지. 삐삐가 토미와 아니카에게 만들어 준 음식을 보면 평소 무엇을 먹는지 알 수 있어.

> 토미와 아니카는 눈을 뜨고 기뻐하며 소리를 질렀다. 맛있는 음식이 가득 차려져 있었다. 동그랑땡과 햄이 든 먹음직스런 샌드위치, 설탕을 뿌린 팬케이크와 조그만 살색 소시지, 그리고 파인애플 푸딩 세 개, 삐삐는 아빠 배의 요리사에게 요리를 배워 둔 것이다.
>
> -《내 이름은 삐삐 롱스타킹》 중에서

여기에서 삐삐가 차린 것은 어린이도 만들 수 있는 보통의 서양 음식이야. 삐삐네 나라인 스웨덴 음식은 따로 있지. 스웨덴을 비롯한 북유럽 사람들은 주로 순록 고기, 연어, 장어, 청어 같은 생선, 호밀로 만든 빵과 과자 등을 먹어.

그중 발효시킨 청어, 수르스트뢰밍은 세계에서 특이한 음식으로 손꼽힐 정도야. 북해를 끼고 있는 스칸디나비아 반도는 예부터 청어가 엄청나게 많

이 났어. 반면 햇빛은 부족해 소금이 별로 나지 않았어. 청어는 남아돌고 소금은 부족하니 사람들은 청어에 소금을 찔끔찔끔 쳤던 거지. 그러다 보니 완전히 염장되지 않은 청어는 먹을 때쯤이면 반쯤 썩어 있었어. 이게 수르스트뢰밍의 시작이야.

신기하게도 스웨덴이나 덴마크 사람들은 절인 청어를 매우 좋아해. 절인 청어를 개봉하는 날을 손꼽아 기다렸다가 때가 되면 손가락으로 청어 꼬리를 잡아 통째로 입에 집어넣는대. 옆에서 보기엔 먹는 자세도 이상하고 썩은 생선 냄새도 고약해서 웃지도 울지도 못한 표정이 절로 나오지만 스웨덴 사람들 입맛에는 그렇게 고소할 수가 없

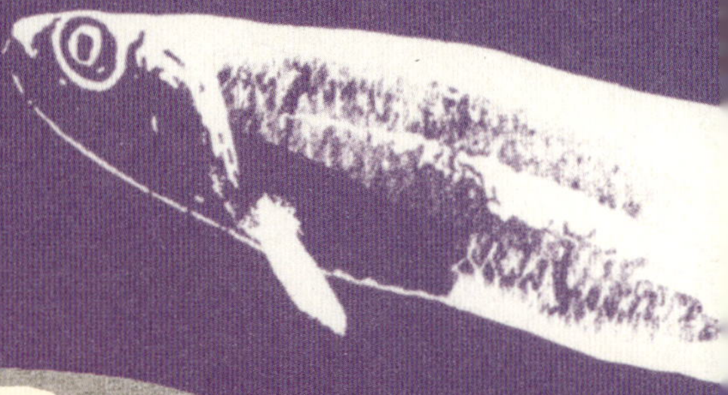

셰불라르(Köttbullar)
고기 다진 것을 뭉쳐 경단처럼 만든 뒤 구워서 소스에 찍어 먹는 요리야.

훈제 연어
장작불 연기를 쬐어 훈제한 생선을 많이 먹었는데 연어도 청어만큼 흔한 재료였어.

크네케브뢰드(Knäckebröd)
스웨덴의 전통적인 빵으로, 납작하고 바삭한 것이 특징이야. 그냥도 먹지만 치즈나 청어를 올려 먹기도 해.

다지, 아마.

일단 스웨덴 대표 음식들로 차린 식탁을 한번 보자. 평소에도 자주 해 먹는 요리들이야. 크리스마스나 행사 때 꼭 차려 먹는 요리도 있어. 스뫼르고스보르드 방식이니 편하게 즐겨. 무슨 얘기냐고?

'스뫼르고스보르드'는 독특한 스웨덴 음식 문화 중 하나야. 여러 가지 음식을 식탁에 벌여 놓고 자신이 알아서 먹을 만큼 덜어 먹는 방식이야.

스웨덴 사람들의 조상인 바이킹은 배를 타고 이곳저곳 다니다가 배가 고파질 때면 나무판자를 준비했대. 그 판자 위에다 가지고 있는 음식들을 한꺼번에 올려놓고 원하는 만큼 실컷 덜어 먹었던 거지. 스뫼르고스보르드는

수르스트뢰밍(Surströmming)
청어를 잡아 내장을 빼내고 소금을 뿌린 뒤 꽁꽁 싸매 두었다 충분히 발효되면 먹는 요리야.

페파카코르(Pepparkakor)
삐삐가 톰과 아니카에게 구워 준 과자야. 호밀 반죽에 당밀을 넣어 만들었어.

루세카터(Lussekatter)
스웨덴 전통 축제 때 먹는 빵으로 다양한 문양으로 만들었는데 이 문양이 집안의 자랑이 되곤 해.

여기서 유래한 거야. 이것이 나중에 유럽과 미국으로 퍼졌는데, 그들은 이 방식을 뷔페라고 불렀어. 오늘날 너희가 먹는 뷔페는 바이킹의 식사 방법인 셈이지. 그래서 일본에서는 뷔페를 '바이킹 레스토랑'이라고 부르기도 해.

샌드위치에 빠질 수 없는 청어!

스웨덴 사람들의 청어 사랑에 대해선 앞에서 잠시 이야기했지? 스웨덴 사람들은 샌드위치에도 청어를 넣어 청어 사랑을 뽐낸대.

샌드위치의 유래는 너무 유명한 이야기라 다들 알 거야. 1700년대 영국에 살던 샌드위치 백작이 도박에 빠져 식사할 시간도 없다 보니 빵 사이에 이것저것 끼워 먹던 것이 샌드위치가 되었다는 이야기지.

여기서 이것저것이 무엇이냐에 따라 샌드위치의 맛이 달라져. 잼, 고기, 채소, 치즈나 베이컨 등이 되기도 하고, 생선도 가능하지. 혹은 그 모두일 수도 있어. 어떤 조합인가에 따라 맛이 달라지니까 샌드위치는 먹기도 좋고, 맛도 두루 즐길 수 있어 참 좋은 음식이야.

그중에서도 생선, 특히 청어는 독일 북부와 네덜란드, 덴마크, 스웨덴 사람들이 주로 선택하는 샌드위치의 속 재료야. 청어는 고등어와 비슷한 등 푸른 생선이야. 고등어보다 훨씬 가늘고 작은데 기름진 맛은 비슷해. 생선과 함께 먹는 빵 맛은 어떠냐고 물어본다면 참 뭐라 설명하기 힘들어. 빵과 청어, 양파를 동시에 베어 물면 고소하면서도 비릿한 청어와 상큼한 양파, 밋밋한 빵 맛이 어우러져서 정말 독특한 맛이 나거든. 처음엔 이상해도, 먹고 돌아서면 다시 먹고 싶어지는 맛이라고밖에 표현할 길이 없으니 좀 답답해도 이해해 주길 바라.

독일이나 덴마크 사람들은 청어와 양파, 오이 피클 등 속 재료를 딱딱한 빵 사이에 넣고 샌드위치로 만들어 먹는 반면, 스웨덴 사람들은 속 재료를 빵 위에 얹어 먹어. 이렇게 얹어서 먹는 스웨덴식 샌드위치를 스뫼레브뢰라고 하지. 빵 사이에 끼워 먹는 것보다 청어 초절임 맛을 더 잘 느낄 수 있기 때문에 먹기는 불편해도 맛은 더 좋다고 생각하는 사람들이 많아. 그 맛을 좌우하는 청어 초절임을 만드는 과정은 이래.

1 청어에 소금을 살짝 뿌려 하루 동안 놔둔다.
2 후추와 허브, 레몬 등을 넣은 물과 식초를 섞는다.
3 혼합한 액체에 절인 청어를 넣고 단단히 봉한다.
4 한 달 정도 보관한 청어 초절임을 빵이나 크래커에 얹어 먹는다.

사실 삐삐는 청어 얹은 샌드위치를 별로 좋아하진 않은 것 같아.

전 샌드위치를 먹고 있었죠. 훈제 청어 샌드위치랑 소시지 샌드위치를 잔뜩

> 싸 가지고 갔거든요. 그런데 암소도 배가 고플 것 같아 샌드위치 하나를 권했죠. 그랬더니 암소가 청어 초절임 샌드위치를 통째로 꿀꺽 삼키는 거예요!
>
> – 《삐삐는 어른이 되기 싫어》 중에서

맛있는 소시지 샌드위치가 남았는데도 암소가 청어 초절임 샌드위치를 먹는 걸 보며 깜짝 놀란 거지. 삐삐처럼 어린아이는 아직 맛이 익숙하지 않은 탓에 그래. 너희들이 삭힌 홍어 같은 음식을 별로 좋아하지 않은 것과 비슷하다고나 할까. 하지만 어린이들과는 달리 북유럽의 어른들은 청어라면 사족을 못 써. 자라면서 조금씩 맛보다가 그 맛에 매료되었기 때문이지. 봄이면 청어가 엄청나게 많이 잡혀서 이때만 기다리는 사람들도 있어. 그 간절한 얼굴을 본다면 정말 놀랄 거야.

과거 유럽에서는 사순절 동안 붉은 고기를 금지했다고 했지? 이 때문에 사순절과 상관없이 언제든 먹을 수 있는 생선은 굉장히 각광을 받는 식재료였어. 앞서 본 대구만큼은 인기가 없었지만, 청어는 값이 싸서 가난한 사람들에게 환영받았어. 청어를 초절임이나 소금 절임을 해서 오래 두고 먹을 수 있게 된 이후로는 더 인기가 많아졌지. 가난한 사람들에게 단백질을 보충해 주는 유일한 음식이었으니까.

이렇게 인기가 많다 보니 유럽 각 나라마다 서로 자기네가 가장 먼저 청어를 절이기 시작했다고 주장하기도 해. 누가 먼저인지는 확실히 알 수 없지만 그 방법 덕분에 청어는 더 싸지고, 바다와 멀리 떨어진 사람들도 먹을 수 있게 되었어. 그러니 배고픈 사람들에게 좋은 일을 한 것은 틀림없지.

처음 먹는 사람에게는, 썩은 내를 풍기며 형체도 알아보기 힘든 청어 소금

절임보다는 청어 초절임이 좀 나아. 비릿한 냄새가 그래도 좀 더 견딜만 하니까. 하지만 뼛속까지 스웨덴 사람이면 썩은 내를 풍기는 소금 절임을 훨씬 좋아한단다. 일단 입에만 익숙해지면 잘 삭은 생선일수록 훨씬 깊은 맛이 나기 때문이지.

청어는 훈제를 해서 먹기도 해. 옛날 바이킹들은 구덩이 속에 불을 피우고 구멍 입구에 청어를 꿴 나뭇가지를 걸어서 훈제 청어를 만들었지. 청어에는 기름이 많기 때문에 훈제하면 냄새가 엄청나게 강하고 멀리 퍼져 나가게 돼. 이 냄새는 다른 모든 냄새를 덮을 만큼 강했지. 그래서 서양 사람들은 주의를 돌리려고 딴소리를 할 때 '붉은 청어의 오류를 범하고 있다.'라는 말을 해. 먹을 것이 사람들의 언어생활까지 영향을 끼치다니 대단해.

청어가 만든 세계사, 네덜란드의 세계 제패

네덜란드 독립 전쟁의 일등 공신, 청어

청어는 수십만 마리가 떼를 이루며 다니는 물고기야. 특히 독일 북부에 있는 뤼겐 섬은 청어가 엄청나게 많이 몰리는 곳으로 유명해. 봄이면 얼마나 많은 청어 떼가 몰려오는지 멀리서 바라보면 모래 언덕처럼 보일 정도였대.

이 시기면 뤼겐 섬의 어부들은 신나게 청어를 잡아 통에 넣어 포장을 했고 (소금을 뿌리지 않고 그냥!), 도시 상인들은 강을 따라 내륙 곳곳으로 청어를 실어 날랐어. 상인들은 청어를 팔아 번 돈으로 동남아시아에서만 나는 후추, 육두구, 생강 같은 향신료를 사와 큰돈을 벌었지. 갈수록 부자가 되며 도시는 번성했어. 그러나 영원한 것은 없나 봐. 지는 해처럼 차츰 뤼겐 섬의 번영도 기울어 갔어. 이유는 네덜란드에게 청어 무역의 주도권을 빼앗겼기 때문이야. 네덜란드에서 청어를 더 오래 보존할 수 있는 방법을 개발했거든.

청어는 원래 기름기가 많아서 쉽게 상하는 생선이야. 그래서 바닷가 가까운 곳 아니면 먹기 힘들었지. 독일 북부의 상인들도 라인 강을 따라 가까운 내륙에만 팔았지 유럽 한가운데까지는 가져가지도 못했어. 그런데 네덜란드 뷔켈스존이란 사람이 청어를 오랫동안 썩지 않게 보관하는 방법을 알아냈어. 청어를 잡자마자 내장을 빼내고 소금에 절인 후 공기가 들어가지 않게 막아 놓는 것이었지.

네덜란드 상인들은 청어를 내륙 깊은 곳까지 가져다 팔며 돈을 엄청 벌었어. 게다가 한동안 청어 염장법을 비밀에 부쳤기 때문에 네덜란드를 부자로 만들어 주는 데 그 역할을 톡톡히 했지. 얼마나 대단했던지 네덜란드를 다스리는 왕조차도 뷔켈스존 동상에 절을 할 정도였대.

하지만 돈을 많이 벌면 뭐해? 네덜란드는 스페인의 지배를 받고 있었어.

네덜란드 사람들은 버는 대로 스페인 왕에게 세금을 바쳐야 했지. 그뿐만이 아니었어. 스페인 왕에게 종교 탄압까지 받아야 했어.

종교 개혁으로 기독교는 가톨릭과 프로테스탄트로 갈리었다고 했지? 원래부터 있던 가톨릭교회를 구교, 새로 탄생한 프로테스탄트 교회를 신교라고 불러. 신교에서는 구교와 달리 직업을 가지고 열심히 일하는 것이 신을 위한 일이라고 설교했어. 이런 설교 내용은 한창 상공업으로 돈을 벌어들이는 네덜란드에 안성맞춤이었어. 네덜란드 사람들은 '돈을 버는 게 무슨 죄야. 열심히 일해서 많이 벌면 좋은 거지.'라며 신교가 옳다고 생각했어. 그러자 가톨릭 국가인 스페인에서는 신교를 믿으려는 네덜란드 사람들을 붙잡아 종교 재판을 하고 천여 명이 넘는 사람들을 사형에 처했어.

네덜란드 사람들도 가만히 있을 수 없었지. 멀리 떨어져 있는 스페인 왕이 네덜란드까지 와서 자기가 왕이랍시고 사람들을 죽이고 억압하니 가만 볼 사람이 어디 있겠어. 그들은 독립군을 조직해서 스페인 군대와 싸웠어.

결정적인 싸움은 바닷가 도시에서 일어났어. 네덜란드는 땅이 바다보다 낮기로 유명하잖아. 그래서 바닷물이 넘어오는 걸 막으려고 바닷가 도시에 제방을 쌓아 두었어. 네덜란드 독립군은 이 특수한 상황을 전쟁에 이용했어. 미리 준비해 둔 배에 타고 있다가 스페인군이 올 때 제방을 무너뜨려 버린 거지. 바닷물이 순식간에 밀려와 도시가 잠기며, 스페인군은 모두 바닷물에 빠지고, 살아남은 자는 겨우 도망갔어. 시민들도 가만있지 않고 산 위의 성으로 들어가 성문을 잠그고 들어앉아 싸웠어. 결국 네덜란드가 승리하면서 1648년, 스페인으로부터 독립을 선언했어.

전쟁이 한창이었던 때, 시민들은 성에 갇혀 있느라 굶어 죽기 직전이 되었어. 그러자 독립군은 이들에게 빵과 청어를 나누어 주었고, 시민들은 이를 먹으며 힘든 시간을 견뎌 냈지. 청어의 단백질이 아니었다면 모두 쓰러지고 말았을 거야. 그래서 지금도 네덜란드에서는 독립 기념행사에 빵과 청어를 나누어 준단다. 독립을 기념하는 날 청어와 빵을 먹으며 조상들이 얼마나 용감했나를 되새기는 거지.

세계를 누빈 플류트 선

이제 네덜란드는 거칠 게 없었어. 종교 개혁 덕분에 돈을 버는 것이 종교적으로 떳떳하게 되었고, 독립 전쟁에서 이겨 더 이상 스페인에 세금을 안 내도

플류트 선

되니 나라에 돈이 점점 쌓였지. 자연스레 은행이 생겨나고 유럽 금융의 중심이 되었어.

여기에 더 돈을 벌 일이 생겼어. 네덜란드에만 있는 독특한 배 덕분이었지. 그 배는 플류트 선이라고 부르는데, 선원은 많이 필요 없으면서 짐을 많이 실을 수 있는 화물선이었어.

이런 장점이 알려지며, 다른 나라 상인들도 이 배를 이용하고 싶어 했어. 그러자 네덜란드는 다른 나라 상인들의 짐을 옮겨 주고 돈을 벌었지. 그 돈으로 배가 도착한 곳에서 특산품을 산 뒤 이를 유럽에 가지고 와서 비싼 값에 팔았어. 이러니 돈이 쌓일 수밖에! 네덜란드 배는 유럽뿐 아니라 아프리카, 인도, 동남아시아, 중국, 일본까지 안 가는 곳이 없었어. 조선 시대에 배가 난파되어 바닷가로 밀려온 벨테브레나 하멜 같은 사람이 네덜란드 출신인 게 어찌 보면 당연해. 전 세계에 이들의 발이 닿지 않는 곳이 거의 없었으니까.

배 덕분에 돈맛을 본 네덜란드는 아시아와 거래하기 위해 동인도 회사라는 무역 회사를 세웠어. 아시아에서 향신료 무역을 독점하다시피 하며 나날이 부를 쌓았지.

이렇듯 청어를 판 돈으로 은행을 세우고, 그 돈으로 배를 만들어 무역을 독점한 네덜란드는 이제 유럽 강대국들과 어깨를 나란히 하게 되었어. 네덜란드가 강하고 부유한 나라 대열에 오르기까지, 그 출발점에는 청어가 있었다고 볼 수 있어.

이야기 한 접시 더

삐삐와 함께 먹고 놀고 싶어!
《아이들만의 도시》와 《집 없는 아이》

삐삐 이야기를 《아이들만의 도시》와 함께 보면 좋을 것 같아. 이 작품은 독일 작가 헨리 빈터펠트가 쓴 작품이야. 독일 북부 도시를 배경으로 하고 있는데, 삐삐가 사는 스웨덴과 가까워서 그런지 삐삐가 언급한 요리들이 제법 나와.

줄거리는 이래. 어떤 도시에서 말썽꾸러기 한 무리가 자꾸 문제를 일으키니까 화난 어른들이 벌을 주기로 했어. 그 벌이란 어른들이 모두 도시에서 사라져 버리는 거야. 도시에는 아이들만 남았어. 말썽꾸러기뿐만 아니라 그 말썽꾸러기들에게 시달렸던 착한 아이들까지 말이야. 어른들이 사라진 도시에서 말썽꾸러기들은 더 큰 말썽을 부리며 제멋대로 살아가지만, 착한 아이들은 음식도 구하고, 해 먹는 법도 연구하며, 스스로의 힘으로 살기 위해 노력해. 결국 말썽꾸러기들을 혼내 주고 엉망이 된 도시를 깔끔하게 정리하지. 부모님들은 돌아와 아이들이 잘 해낸 것을 보고 놀라게 된다는 내용이야.

아이들이 요리를 해 먹으려다가 전기와 수도가 끊긴 것을 알고 실망하는 부분이 참 인상적인데 들어 봐.

"따끈한 수프는 이제 안녕이구나!"
그러자 뚱보 파울이 소리쳤습니다.
"통조림을 먹으면 되지! 정어리도, 연어도, 소시지도, 게도 있어. 그리고 식초에 절인 청어도 있잖아!"
로벨트 풍크트가 화가 나서 말했습니다.
"너야말로 식초에 절인 정어리(청어)다!"
"그렇다면 너는 소금에 절인 대구다!"

-《아이들만의 도시》 중에서

　둘이 싸우는 대화에 식초에 절인 청어도 나오고 소금에 절인 대구도 나오다니, 애들은 이 두 음식을 별로 좋아하지 않았나 봐. 두 생선이 이 나라 사람들에게 얼마나 친근한 것인지 알 수 있는 대목이기도 해. 서로 청어니 대구니 하며 비웃고 약 올려도 결국 그 아이들이 살 수 있었던 것은 그것들 덕분이었으니 참 재미난 일이야.
　삐삐 이야기와 반대로 슬픈 이야기를 하나 소개할게. 프랑스 작가 엑토르 말로가 쓴 《집 없는 아이》야. 이 작품을 소개하는 이유는 팬케이크 때문이야. 주인공 레미의 팬케이크와 삐삐의 팬케이크가 너무나 비교되거든.
　삐삐는 친구들에게 팬케이크를 구워 주면서 밀가루를 뒤집어쓰지 않나, 팬케이크를 뒤집다 말고 천장까지 던지질 않나 굉장히 유쾌하고 재미있게 놀아. 삐삐에게 팬케이크는 달콤하고 신나는 추억이야.
　반대로 《집 없는 아이》 주인공 레미는 '팬케이크 날'에 해마다 먹던 팬케이크를 먹지 못해. 팬케이크 날은 사순절 전날, 팬케이크를 만들어 먹던 풍습에서 생겼어. 사순절 기간에는 달걀도, 우유도 먹을 수 없으니까 상하기 전에 팬케이크로 만들어 먹어 치우는 거지.
　부모의 행방도 모른 채 유모와 살면서 온갖 서러운 일을 당하는 레미는 유모의 남편 때문에 팬케이크를 먹을 수 없었어. 그가 암소를 모두 팔아 치우는 바람에 우유를 얻지 못했거든. 가난한 사람들도 그날만큼은 팬케이크를 마음껏 먹었다는데, 이런 레미가 더욱 안쓰럽지 뭐야.

호첸플로츠

> 이제부터는 왕도둑 호첸플로츠와 맞선 용감한 소년들의
> 모험 이야기를 소개할게.
> 〈호첸플로츠〉 시리즈에는 먹을 것이 엄청 나오기 때문에
> 먹보 동화라고 부르는 사람들도 있어.
> 독일 사람들이 평소 즐겨 먹는 음식들이 잔뜩 등장한다니
> 기대가 크지?
> 아마 처음 들어 본 음식도 많을걸!

줄거리

〈호첸플로츠〉 시리즈는 스위스에서 태어나 독일에서 살았던 오트프리트 프로이슬러(Otfried Preußler)가 쓴 모험 이야기 3부작이다. 이 시리즈는 왕도둑 호첸플로츠 같은 익살스러운 등장인물과 흥미로운 이야기로 독일 어린이의 사랑을 듬뿍 받았다.

주인공 카스페를은 단짝 제펠과 함께 왕도둑 호첸플로츠를 잡느라 갖가지 모험을 펼친다. 1권에서는 호첸플로츠가 카스페를 할머니의 커피 기계를 빼앗아 가고, 화가 난 할머니가 자두 쿠헨을 다시는 만들지 않겠다고 선언하면서 소동이 벌어진다. 자두 쿠헨을 꼭 먹고 싶은 카스페를과 제펠, 호첸플로츠가 서로 쫓고 쫓기는 과정이 펼쳐진다. 2권에서는 할머니가 만든 소시지와 양배추 절임 냄새에 이끌려 카스페를 집에 온 호첸플로츠가 할머니를 납치한다. 3권에서는 웬일로 호첸플로츠가 도둑질을 하지 않고 돌아와 반성하며 카스페를과 제펠에게 도둑의 성찬을 대접한다. 하지만 슐로터베크 부인의 수정 구슬이 사라지자, 사람들은 왕년의 왕도둑인 호첸플로츠를 믿지 않는다. 악어 바스티의 집에서 수정 구슬이 발견되면서 모든 오해는 풀리고, 다 같이 잔치를 벌이며 마무리된다.

독일 사람들의 짝꿍 음식, 소시지와 양배추 절임

독일 사람이 사랑하는 음식들

이 이야기는 사실 음식 때문에 사건이 일어나고 음식으로 사건을 해결하는, 그러니까 음식에 목숨을 거는 이야기라고 해도 틀린 말은 아니야. 다시는 자두 쿠헨을 만들지 않겠다는 할머니의 선언 때문에 주인공은 할 수 없이 도둑의 소굴로 가고, 소시지와 양배추 절임 냄새 때문에 들이닥친 도둑을 잡으러 나서며 다시 모험을 시작하거든.

이 이야기에 나오는 음식 중 마법사 츠바켈만이 일흔여덟 개나 먹었다는 감자 경단은 무엇일지 궁금해하는 사람이 참 많아. 감자 경단은 감자 삶은 것을 으깬 뒤 밀가루와 양념을 넣고 둥글게 빚어서 데친 걸 말하지. 소시지와 함께 독일 사람들이 즐겨 먹는 음식 중 하나야.

또한 할머니가 카스페를과 제펠에게 해 주던 자두 쿠헨은 자두를 얹어 구운 케이크를 말해. 밀가루가 아니라 잡곡 가루로 만든 케이크를 쿠헨이라고 하는데, 주로 과일을 넣어서 더 달콤한 맛을 낸단다.

독자들 중엔 더러 호첸플로츠가 아이들에게 차려 주는 도둑의 성찬을 보고, 독일 사람들은 참 다양하게 먹고 사는구나 오해하곤 하지만 그건 어디까지나 1년에 한 번 있을까 말까 한 '성찬'이라는 걸 알아줬으면 좋겠어. '도둑의 성찬'이 잘 생각나지 않는다면 다음을 읽어 봐.

> 그러면서 호첸플로츠가 줄기 어딘가를 누르니까 떡갈나무 껍질이 마치 장롱 문처럼 열리는 거야. 보니까 그 위에 식료품 창고가 있지 뭐야. 굳기름 단지들, 큼지막한 베이컨 조각들, 소금에 절인 살코기 몇 깡통, 비스킷 몇 봉지, 살라미 소시지 여섯 개, 치즈 일곱 덩이, 훈제 청어 여덟 마리쯤 있었어.
>
> –《호첸플로츠 또 다시 나타나다》중에서

독일은 유럽 대륙 중간에 놓여서 북쪽만 바다와 접해 있고 대부분 숲이야. 울창한 숲에는 들짐승들이 많이 살았어. 그러니 독일 사람들은 옛날부터 고기를 많이 먹었지. 특히, 숲속을 돌아다니며 이것저것 주워 먹고 자라는 돼지를 주로 먹었어. 독일 사람들은 야생에서 자란 돼지로도 부족해 집집마다 돼지를 참 많이 길렀어. 숲에서는 채소를 기르기도 어렵고 소나 양 같은 가축도 기르기 힘들잖아. 소나 양을 키우려면 드넓은 초원이 있어야 하니까.

하지만 돼지가 아무리 많은들 냉장고가 없던 시절에 매일 돼지를 잡을 수는 없는 일이야. 돼지를 잡으면 최소한 몇 달은 먹어야 하지 않겠어? 그래서 오랫동안 두고 먹을 수 있게 햄, 소시지, 베이컨 등으로 만든 거지.

그중 소시지는 독일 사람들에게 없어서는 안 될 음식이 되었어. 독일 소시지는 워낙 유명해서, 독일이 어디 있는지는 몰라도 소시지가 독일 대표 음식이라는 건 누구나 잘 알 정도가 되었어. 소시지를 비롯한 독일의 대표 음식들로 식탁을 차린다면 다음과 같은 모양이야.

이 음식들 중에서 정말 맛있는 소시지와 양배추 절임을 맛보게 된다면 호첸플로츠가 왜 탐을 냈는지 이해할 수 있을지도 몰라.

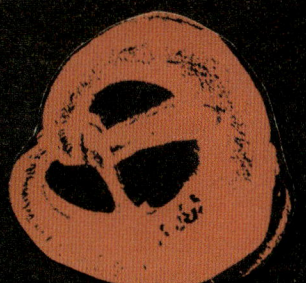

브레첼(Brezel)
밀가루 반죽을 길게 해서 양 끝이 둥그런 모양이 되게 만들고 굵은 소금을 뿌린 후 구운 빵이야. 아이들이 팔짱을 끼고 기도하는 모습을 따서 만들었다고 해.

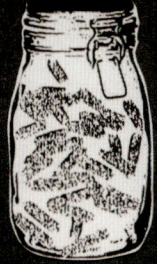

사우어크라우트(Sauerkraut)
채 썬 양배추에 소금을 뿌리고 병에 담아 발효해 먹는 독일식 김치야.

슈바인스학세(Schweinshaxe)
돼지 족발에 여러 가지 향신료를 넣고 삶은 독일 전통 음식이야.

쿠헨(Kuchen)
호밀로 만드는 케이크지만 과자에 가까운 디저트지.

카르토펠 클로세(Kartoffel klosse)
으깬 감자와 버터, 소금을 넣고 반죽하여 둥글게 빚은 후 살짝 데친 음식이야.

소시지(Sausage)
다진 고기와 고깃기름, 소금을 섞어 반죽한 것을 동물의 창자에 넣고 묶어 훈제해. 독일식 소시지는 독일어로 부어스트(wurst)라고 부르지.

부스러기 고기를 내장에 담은 소시지

독일에 '소시지는 소시지로(wurst wider wurst)'란 속담이 있어. 소시지를 받으면 소시지로 갚는다는 말이야. 처음에는 소시지로 답례한다는 뜻이었는데, 지금은 '눈에는 눈, 이에는 이'와 같이 부정적인 뜻으로 바뀌었지. 이 속담이 생긴 건 겨울에 소시지를 준비하면서 생긴 풍습 때문이야.

독일에서 겨울을 대비하는 일은 곧 소시지와 햄을 만드는 것이라 할 수 있어. 예로부터 집에서 소시지를 만드는 날에는 이웃에도 돌렸고, 받은 사람도 나중에 소시지를 만들어 이웃과 나누어 먹었지. 우리나라에서도 겨울 무렵 김장을 하면, 김치 맛을 보라며 이웃집에 김치를 돌리잖아. 이웃집도 김장 날에 되갚고 말이야. 겨울을 준비하는 과정에서 사람들의 행동과 생각이 어쩜 그렇게 비슷한지, 참 놀랍다니깐.

옛날 유럽 농가에서는 잘살든 못살든 집집마다 돼지 한 마리쯤은 키웠어. 돼지는 한꺼번에 많은 새끼를 낳고, 또 금방 자라니까 키워서 잡아먹기에 딱 좋은 가축이었거든. 그렇게 막 놓아 키우다가 겨울이 되기 전 겨우내 먹을거리로 돼지를 잡았지. 농사를 지을 수 없는 겨울 동안 먹을 것이 필요했고 어차피 겨울이 되면 돼지 먹이도 구하기 힘들어서였어.

유럽 어느 지방에서는 돼지를 잡기로 한 날이면 이웃 사람들에게 저녁을 대접하겠다며 초대를 했대. 이 말은 곧 돼지 잡는 날이니 도우러 오란 뜻이야. 초대를 받은 이웃은 작업복을 챙겨 입고 방문했지. 그렇게 다 같이 하루 종일 일을 하고 남은 고기들로 거하게 차려 먹었던 거야. 초대받았던 이웃이 돼지를 잡는 날도 마찬가지야. 도움을 받았던 사람들이 이웃에 가서 일을 거들어 주지. 서로 돕고 도움을 받는 품앗이인 셈이야.

남자들이 힘을 합쳐 돼지를 잡아 각 부위별로 해체하면, 여자들은 하루 종일 고기를 삶고 소금에 절여서 햄과 소시지를 만들었어. 프랑스나 독일 농촌에서는 겨울이면 돼지 멱따는 소리에 귀가 멀 지경이었대. 한 마리 잡을 때마다 그렇게 꽥꽥대는데 날마다 이 집 저 집에서 잡아 봐. 한 마리만 잡겠어? 넉넉한 집은 서너 마리도 잡겠지. 그럼 겨울이 오기 전에 돼지를 잡는 소리로 온 마을이 떠들썩해지곤 했어.

햄과 베이컨은 그럭저럭 소금에 절이고 훈제하면 끝이지만 소시지는 좀 더 손이 많이 갔어. 부위별로 햄이나 베이컨을 만들고 남은 고기 조각을 잘게 다지는 것도 일이었고, 그 다진 고기와 기름을 내장에 넣고 묶는 것도 힘이 많이 들었지. 소시지를 만드는 과정을 간략하게 정리하면 이렇단다.

소시지 만드는 과정

1 자투리 고기와 기름을 다진다.

2 소금과 각종 양념을 넣어 반죽한다.

3 씻어 놓은 돼지 창자에 채워 넣고 묶는다.

4 다 만든 소시지는 햄과 함께 벽에 걸어 둔다.

소시지는 소금을 잔뜩 넣어 만든 뒤 훈제를 했기 때문에 오래 두고 먹어도 썩지 않았어. 그래서 '소금을 치다'라는 뜻의 라틴어 살루스(Salus)에서 소시지(sausage)라는 이름이 나왔어.

소시지는 고대 그리스인들이 처음 만들어 먹었다는 기록이 있어. 처음에는 돼지나 양의 창자에 다진 고기와 함께 돼지 피를 넣어 삶아 먹었다고 해. 고기는 귀하지, 남은 돼지 귀나 껍질 같은 것은 버리기 아깝지, 그래서 몽땅 다져 넣고 피도 넣고 해서 쪄 먹었나 봐. 그러고 보면 좋은 부위만 골라 먹는 부자들의 음식은 절대 아니었어.

그러다 그리스가 망하고 로마가 세계를 지배하면서 소시지는 로마로 흘러들어 갔어. 로마 황제는 소시지를 먹어 보고 이렇게 맛있는 것을 일반 서민이 먹는 것은 사치라며 서민들이 소시지를 먹는 것을 금지했다고 해. 부스러기 고기와 피를 버리기 아까워 가난한 사람들이 만들어 먹던 음식인데 맛있다는 이유로 금지하다니 이렇게 불공평할 수가 없지. 그래도 다들 숨어서 먹었는지 널리 유행하다가 다른 곳으로 금방 전해졌어.

중부 유럽까지 소시지가 넘어갔을 때쯤이면 소시지의 종류가 다양해지면서 여러 가지 이름이 생겨났어. 영국은 블랙 푸딩, 프랑스는 보댕, 독일은 부어스트라고 부르면서 말이야. 오늘날 독일에는 소시지 종류만 천오백 가지나 된다고 해. 독일 사람들이 소시지를 얼마나 좋아하면 그러겠어.

마법사 츠바켈만의 음식 창고에도 소시지가 창고 가득 주렁주렁 매달려 있었지. 그 종류가 한두 가지가 아닌 것 같은데 호첸플로츠는 그중에 어떤 소시지를 골랐지?

> 선반 위에 줄지어 놓여 있는 단지에서 여러 가지 마멀레이드를 차례차례 맛본 다음, 탈지유 한 잔을 마셨고, 마지막으로 살라미 소시지 한 조각을 썰어냈어. 츠바켈만의 식료품 실에는 소시지와 햄도 있었어. 길이도 두께도 갖가지인 소시지들이 천장에 대롱대롱 매달려 있어서 손을 뻗기만 하면 되었지.
> "마치 게으름뱅이의 나라에 온 것 같군!"
>
> -《왕도둑 호첸플로츠》 중에서

유럽 사람들은 여러 가지 소시지를 만들었어. 고기 외에 여러 가지를 더 넣어 보기도 하고, 크기를 달리 해 보기도 하고, 돼지 창자 중에 대장, 소장 등을 종류별로 사용하기도 하고, 그냥 말리기도 하고 삶기도 하고 훈제하기도 하면서 말이야.

이 많은 소시지들의 이름은 만들어진 지역 이름을 따서 지었어. 비엔나 소시지는 독일에서 소시지 만드는 법을 배운 기술자가 오스트리아 비엔나로 가서 만들어 낸 소시지야. 프랑크 소시지는 좀 가늘고 긴 편이야. 독일 프랑크푸르트 지역에서 만들었다고 해서 붙은 이름인데 훈제를 하지 않고 바로 삶아 먹는 특징이 있지.

스페인에도 소시지 종류가 여러 가지인데 그중 파프리카를 넣어 맵게 만든 초리소가 인기 있어. 그리고 이탈리아에서는 소시지를 살라미라고 부르는데 열을 가하지 않고 소금이나 향신료를 넣어 건조시킨 소시지야. 살라미와 다르게 아주 굵은 소시지가 있는데 볼로냐 지역에서 만들어서 볼로냐 소시지라고 부르지.

할머니가 호첸플로츠에게 뺏긴 소시지는 바로 프랑크 소시지였어. 그나마

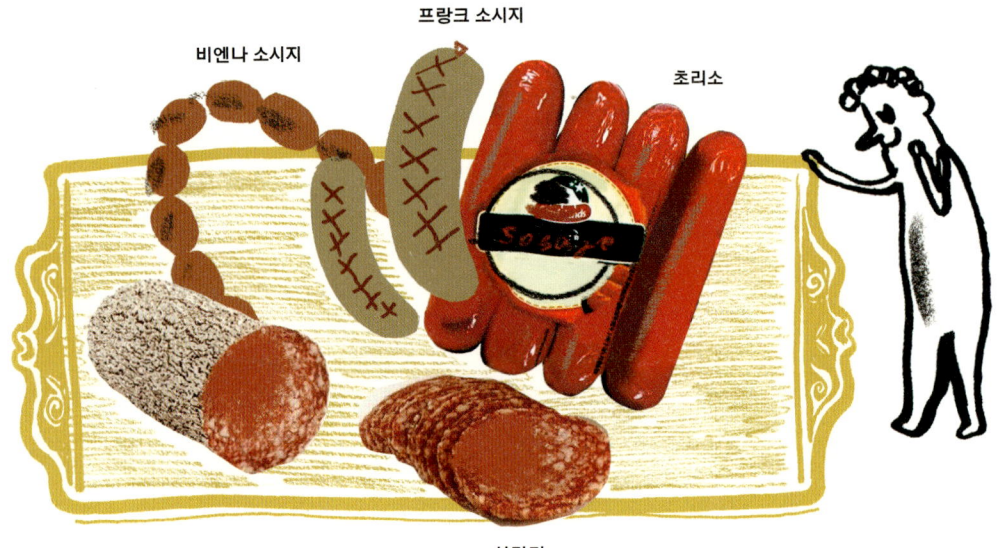

프랑크 소시지라 아홉 개만 정도 먹었지, 좀 짧은 비엔나 소시지였으면 수십 개를 먹겠다고 했을 거야.

고기 음식의 동반자 양배추

소시지가 독일에서 아주 인기 있는 음식이 되고, 종류도 다양하게 발달할 수 있던 것은 곁들여 먹었던 양배추 절임이 있었기 때문이야. 양배추 절임이 소시지의 느끼한 맛을 잡아 줘서 많이 먹을 수 있었지. 자주 먹고 인기가 많아지니 다양한 조리법을 시도할 수 있었던 것이고.

독일어로 사우어크라우트라고 부르는 양배추 절임은 우리나라 김치처럼 자주 먹고 어느 요리에나 곁들이는 음식이야. 소시지뿐 아니라 햄이나 다른 고기 요리를 먹을 때도 곁들여 먹어. 매 끼니마다 필수일 뿐 아니라 잔칫상에도 빠지지 않는 음식이야. 할머니가 경감님과 아이들을 위해 벌인 잔칫상에도 빠지지 않았어.

> 거실에는 벌써 식탁이 차려져 있었어. 딤첼모저 경감을 위해선 맥주 한 조끼가, 바스티를 위해선 난로 구석에 접시가 준비되어 있었지. 할머니는 양배추 조림과 구운 소시지를 날라 왔어. 잔치가 시작되었어.
>
> —《호첸플로츠 다시 나타나다》 중에서

양배추를 소금에 절여서 발효하면 유산균이 나와서 새콤하면서 시원한 맛이 나. 그 시원한 맛이 고기와 썩 잘 어울리기 때문에 반드시 고기 요리와 같이 먹는 거지.

게다가 독일 사람들은 발효된 양배추 절임을 그냥 그대로 먹기도 하지만 냄비에 향신료를 넣고 푹 끓여 먹는단다. 우리가 김치찌개를 먹듯 그렇게 끓여 먹는 건가 봐.

세어 봤는지 모르겠지만 《호첸플로츠 다시 나타나다》에서 소시지와 양배추 절임이 자그마치 여섯 번 이상 등장하고 있어. 그만큼 독일 사람들이 자주 먹는 음식이라는 뜻이야.

그렇다면 양배추는 언제부터 음식으로 해 먹었을까? 독일 사람들이 처음으로 요리해 먹었을까? 답은 '아니다!'야. 양배추는 굉장히 오래된 식물 중 하나야. 역사가 기록되기 전인 아주아주 옛날부터, 사람들은 지천에 깔린 식물 가운데 어떤 것을 먹을 수 있는지 알아보았어. 그 결과 많은 식물들이 인류의 식량이 되었어. 양배추는 그중에서도 굉장히 일찍 발견되어 오랫동안 인류가 먹어 온 채소라고 할 수 있지.

그러다 고대 그리스 사람들이 양배추에 소금을 쳐 두었다가 먹는 법을 알아냈어. 발효까지는 아니고 양배추의 숨이 죽으면 먹기 부드러워지니까 살짝 절여서 먹었나 봐. 그런데 고기와 함께 먹었더니 굉장히 개운하고 맛있던 거지. 양배추 절임 역시 고대 그리스에서 먹기 시작했다는 것을 보니, 소시지와 역사를 함께하는 격이야.

그리스 지식인들은 양배추를 많이 먹으라고 권장했어. 특히 철학자들은 양배추를 아주 즐겼대. 세상은 무엇으로 이루어졌나, 사람은 어떻게 살아야 하나 같은 것들을 고민하고 논쟁하는 사람들이 양배추를 많이 먹어야 한다고 굳이 기록에 남겼다고 하니 참 재미있는 일이야.

그리스 사람들의 양배추 사랑은 로마 사람들에게 넘어갔어. 로마 사람들도 생양배추에 소금을 뿌려 두었다가 고기와 함께 먹는 것을 좋아했대. 그러다가 로마 제국을 멸망시킨 게르만족이 등장하면서 양배추를 절여 발효해 먹기 시작했어.

게르만족은 오늘날 독일 사람들의 조상 격이야. 이들이 자리 잡은 땅은 숲이 울창하고 추워서 농사짓기에 적당하지 않았어. 그래서 게르만족은 따뜻하고 기름진 땅을 찾아 여기저기 약탈을 하며 살았지. 그들에게는 원래 여러 가지 풀과 채소를 소금에 절여 발효한 후 새콤하게 먹는 습관이 있었어. 그런데 로마에서 발견한 양배추는 그 방법으로 먹기에 딱이었던 거야. 이 요리가 발달해서 양배추 절임인 사우어크라우트가 되었고, 나중에 유럽 전체에 퍼졌지.

양배추 절임을 알게 된 유럽인들은 저마다 그 맛에 반했고, 각자 자기네

고기 요리에 곁들어 먹었어. 아일랜드 사람들은 콘비프에 양배추 절임이 가장 어울린다고 생각했고, 네덜란드나 덴마크, 스웨덴 등 북부 유럽 사람들도 고기 요리와 양배추 절임을 꼭 함께 먹었어.

이렇게 널리 퍼질 수 있었던 것은 양배추 절임이 훌륭한 곁들임 음식일 뿐 아니라 만들기가 어렵지 않다는 점 때문일 거야. 잘게 썬 양배추에 소금을 뿌려 유리 단지에 넣으면 끝이거든. 요즘은 식초나 포도주를 넣기도 하지만 전통적인 방법은 소금을 뿌려 익혀 먹는 거지. 어렵지 않으니까 집에서 해 봐도 좋아. 아마 우리나라 백김치와 비슷한 맛이 날 거야.

양배추가 만든 세계사, 쿡 선장의 항해

양배추로 새 땅을 개척한 쿡 선장

육식을 주로 하는 독일 사람들에게 양배추 절임은 없어서는 안 되는 음식이었어. 우리나라 사람들이 김치가 떨어지기 전에 미리 담가 놓듯 독일 사람들은 양배추 절임을 항상 준비해 두었지.

사실 양배추는 소화에 도움이 되는 효소뿐 아니라 여러 가지 비타민이 아주 풍부한 채소야. 그중 비타민 C가 많아 건강을 지키는 데 도움이 되었지. 그러니까 양배추 절임을 소시지와 함께 먹었던 중세 사람들은 과학적인 식생활을 하고 있는 것이었어. 이걸 알았는지 몰랐는지 확실하진 않지만 양배추 절임을 곁들여 먹었기 때문에 겨울에는 섭취하기 힘든 비타민을 충분히 보충할 수 있었던 거야. 양배추가 우리 몸에 얼마나 필요한지는 수백 년이 지나 영국의 쿡 선장이 증명했어.

콜럼버스 항해 후, 스페인과 포르투갈은 새로운 바닷길을 개척하는 데 더욱 열을 올렸어. 이들이 나날이 부를 쌓아 가는 모습을 지켜만 보던 영국은 뒤늦게 이 경쟁에 뛰어들었어. 그리고 종교 갈등을 겪는 스페인을 따라잡은 후, 금방 인도를 점령하고 북아메리카의 많은 땅을 차지하는 등 세계 곳곳에 식민지를 넓혀 갔지. 그와 동시에 아직 발견되지 않은 땅에도 관심을 거두지 않았어. 탐험가와 항해사들을 보내 지도를 새로 그리고 새 땅에 영국 깃발을 꽂았지. 그중 가장 노련한 탐험가는 쿡 선장이었어.

쿡 선장이라고 알려진 제임스 쿡은 영국의 가난한 농민의 아들로 태어났어. 열여덟 살이 된 쿡은 석탄 운반선의 견습공으로 들어가 영국 해안을 오가며 배를 운항하는 법을 배웠어. 그러고는 더 넓은 바다로 나가고 싶어 영국 해군에 스스로 들어갔지. 제임스 쿡의 항해 능력은 해군 안에서 인정을 받았어. 타고난 항해사였는지 금방 윗사람의 눈에 띄었지. 한 달 만에 하사관이 되었고 곧이어 범선의 선장이 됐어.

이후 약 10여 년 동안 영국 해협과 북아메리카 식민지 등지에서 해안을 측량하며 지도 제작법을 배우게 돼. 당시에는 불가능하다고 했던 정확한 경도 측정을 쿡 선장이 해내면서 과학자로서도 인정받게 된 거야. 제대로 학교를 다녀 보지도 못했는데 이런 일을 해내다니 대단하지?

영국이 뒤늦게 항로 개척에 뛰어들고도 앞선 나라보다 훨씬 많은 영토를 차지할 수 있던 것은 쿡 선장의 이런 뛰어난 능력 덕분이야. 쿡 선장은 세 번에 걸쳐 큰 항해를 해. 1차 항해에서는 뉴질랜드 땅이 둘로 나뉘어 있는 섬이고 오스트레일리아 동쪽 땅은 사람이 살 수 있다는 것을 알아내 왔어. 오스트레일리아에만 사는 동물 캥거루를 유럽에 처음 알린 항해였지. 하지만 가장 남쪽에 있을 것으로 예측했던 땅은 찾지 못하고 돌아갔어.

두 번째 항해를 할 때는 더 좋은 장비를 가지고 갔어. 이번 항해의 목적은 남극을 찾아내는 거였지. 쿡 선장은 새 땅을 발견하되 아무도 죽지 않은 항해를 꿈꿨어. 오랫동안 항해를 하면 늘 선원들 몇 명은 괴혈병으로 죽곤 했거든. 괴혈병은 비타민 C가 부족해서 생기는 병이야. 심하면 잇몸과 내장에서 피가 나오면서 죽는 병이지. 쿡 선장이 보기에 괴혈병을 막으려면 채소나 과일이 필요했어. 그런데 채소나 과일은 금방 물러지고 썩는 게 문제였어. 그래서 선택한 게 바로 양배추 절임이지.

아무도 죽지 않는 항해

쿡 선장은 여기저기 항해를 하며 경험이 쌓여서 그런지 양배추 절임이 잘 썩지 않는 것을 이미 알고 있던 것 같아. 오랜 항해 중에도 계속 먹을 수 있으니 제격이었지. 쿡 선장은 출항하기 전에 양배추 절임 창고를 따로 마련해 두었다가 배에 가득 실었어.

하지만 영국 선원들은 양배추 절임이 낯설어 먹기 싫어했지. 독일 사람들이나 즐겨 먹는 시큼한 배추가 뭐 그리 맛나 보였겠어. 쿡 선장은 모든 선원들에게 의무적으로 양배추 절임을 먹으라고 명령했어. 하지만 선원들은 거부했어. 선원들에게 줄 고기의 양을 줄이는데도 양배추만은 끝까지 먹지 않으려고 했어.

결국 쿡 선장은 다른 방법을 생각해 냈어. 일부러 장교 식사에만 양배추 절임을 올리라고 시킨 거야. 선원들은 그것을 보고 높은 사람들만 먹는 고급 음식인가 보다 생각했어. 갑자기 양배추 절임이 달리 보이는 거야. 선원들은 자신들도 먹고 싶다고 애원했어. 쿡 선장은 그제야 선심 쓰듯 양배추 절임을 나눠 주었고, 선원들은 덕분에 괴혈병에 걸리지 않게 되었지. 물론 완전히 양배추 절임에만 의지한 것은 아니고 당근으로 만든 잼과 양파로 만든 수프들도 있었대.

그리하여 쿡 선장은 선원들이 괴혈병으로 목숨을 잃는 비극을 막을 수 있었고, 사고로 죽은 선원을 제외한 나머지를 데리고 무사히 항해를 마쳤어. 남극 대륙이 눈으로 덮여 지구 끝에 있다는 것을 확인하고 말이야. 세계 지도를 남극까지 넓히기도 해 여러모로 의미 있는 항해였어.

그래서 쿡 선장은 역사상 처음, 괴혈병으로 목숨을 잃은 선원이 한 명도 없이 세계 일주를 한 선장으로 기록되었대. 이후 다른 선원들도 이 식단을 그대로 따른 덕분에 괴혈병이 걸리지 않을 수 있었어. 영국 왕립 학회는 괴혈병을 막은 공로로 쿡 선장에게 과학자에게 주는 상을 내렸지.

쿡 선장 덕분에 영국은 지구 끝에서 반대편 끝까지 세력을 넓혔어. 당시 아프리카와 아메리카뿐 아니라 오세아니아와 남극까지 영향력을 뻗으며 영국은 '해가 지지 않는 나라'라는 별명까지 얻었단다.

이야기 한 접시 더

음식이 주는 위로
〈게으름뱅이의 천국 이야기〉와 《안네의 일기》

앞에서 호첸플로츠가 츠바켈만의 음식 창고를 보며 "게으름뱅이의 나라에 온 것 같군!"이라고 했던 장면 기억나니? 〈게으름뱅이의 천국〉은 독일에서는 아주 유명한 이야기야. 아주 옛날부터 입에서 입으로 내려와서 독일에서 자랐다면 모르는 사람이 없을 정도지. 이야기 내내 먹을거리로 정신을 못 차리게 만드는 동화라고 생각하면 돼. 한번 들어 봐.

그 아름다운 나라의 이름은 게으름뱅이의 천국이라고 하지. 남유럽 말로는 쿠카그나라고 해. 그곳의 집들은 지붕은 팬케이크로 되어 있고, 문과 벽은 생과자로 그리고 발코니는 돼지구이로 되어 있어. 우리가 이곳에서 금화 한 닢을 주어야 하는 것을 단 일 전이면 살 수 있어. 집집마다 쳐져 있는 담장은 구운 소시지와 바이에른 소시지로 엮어 만들었는데, 사람들은 이것을 나름의 취향대로 석쇠에 구워 먹거나 아니면 담백하게 삶아 먹는단다.

- 〈게으름뱅이의 천국 이야기〉 중에서

할머니가 손자에게, 그 손자가 다시 그의 손자에 이야기해 주면서 오랫동안 내려오던 이야기를 동화로 정리한 것이야. 보다시피 세상의 모든 것이 먹을거리고 가만있어도 먹고 자고 할 수 있는 천국을 이야기 하고 있어. 이 대목에는 안 나와 있지만 강가에선 물고기

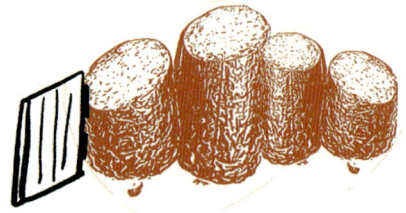

가 알아서 튀어나오고, 통닭이 구운 채로 날아다니며, 구운 새끼 돼지가 걸어 다니는 곳이라고 묘사되어 있지.

이걸 가만히 듣고 있으면 옛날 독일 사람들이 먹고사는 게 참 힘들었나 보다 싶어. 얼마나 힘들었으면 저렇게 음식이 널려 있는 꿈을 꾸겠어. 왜 사람이 배가 고프면 자꾸 먹을 것을 상상하잖아. 그게 다 너무 배고파서 만들어 낸 환상이라는 생각이 들어서 안쓰럽기까지 해.

소시지가 나오는 또 다른 이야기는 《안네의 일기》야. 《안네의 일기》는 독일군에 점령된 네덜란드에서, 유대인 소녀 안네가 남긴 일기를 책으로 엮은 거야. 안네는 독일군의 감시를 피해 가족이 숨어 지내던 생활을 기록했지.

1930년대 독일에서는 히틀러가 이끄는 나치당이 정권을 잡으며 유대인들을 학살했어. 닥치는 대로 잡아다 수용소에 가두고 죽였지. 안네의 가족은 비록 숨어 살지만 살아남기 위해 힘든 것을 참아 내고 작은 것에서도 즐거움을 찾으려고 애쓴단다.

특히 고기를 다져서 소시지를 만들어 먹는 장면에서는 정말 행복해 보여. 네덜란드로 넘어오기 전, 안네네 가족은 독일에서 살며 독일 음식을 자주 먹었어. 그래서 소시지 볶음과 양배추 절임이 함께 등장하고 있는 거야.

안네가 먹던 소시지는 호첸플로츠가 좋아하는 소시지와는 달라. 소고기 내장에 소고기를 넣어 만든 게 틀림없기 때문이지. 왜냐고? 안네는 유대인이잖아. 종교적인 이유로 돼지고기는 먹지 않으니 소고기로 만들었겠지. 안네가 소시지를 먹으며 행복해했던 걸 보면, 돼지고기든 소고기든 소시지는 유럽 서민들에게 늘 위로가 되는 음식임에 틀림없는 것 같아.

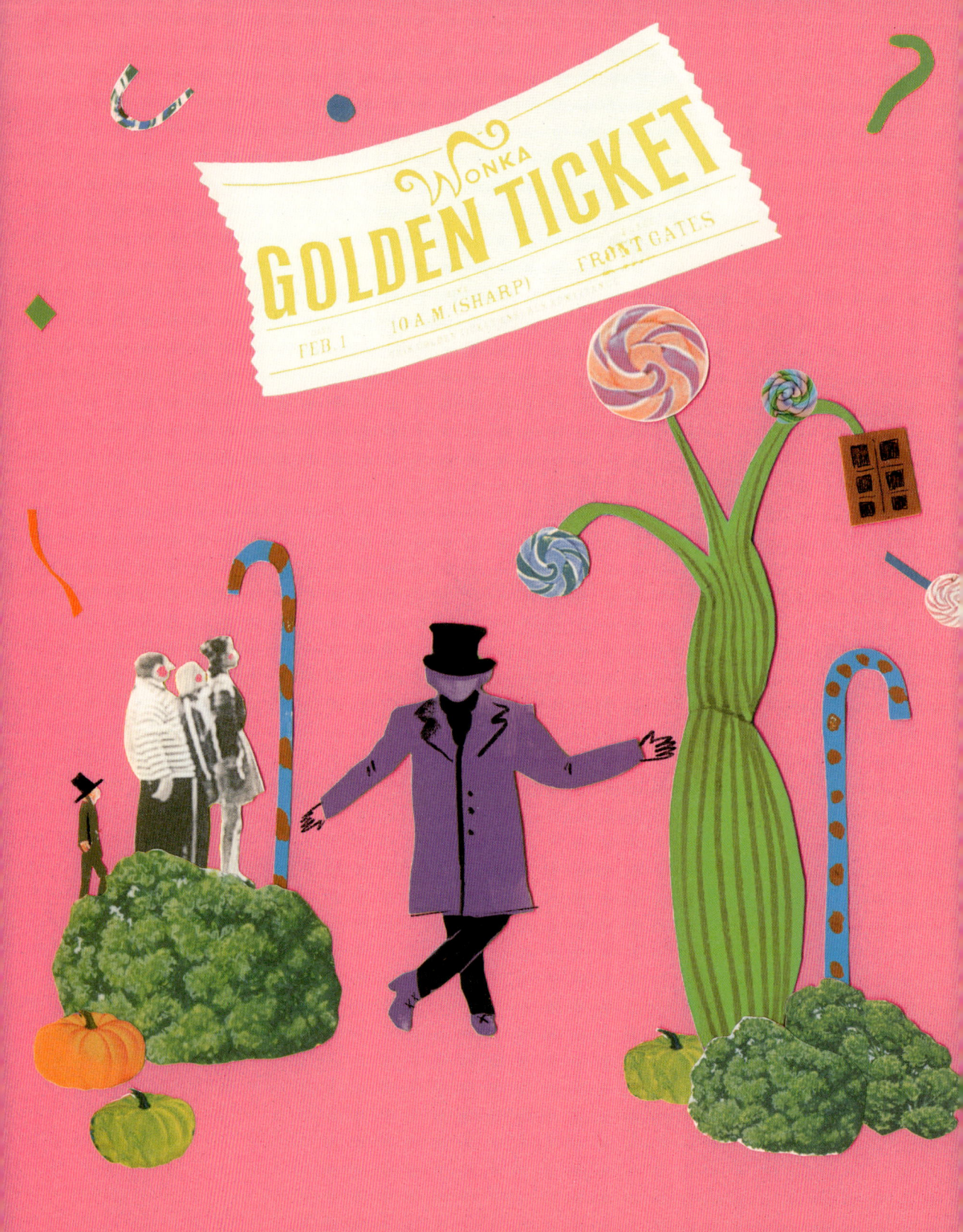

찰리와 초콜릿 공장

지금까지 고기다 치즈다 해서 배를 실컷 채웠다면
이제 달콤한 디저트의 세계로 가 보자.
조금 특이하게 초콜릿 공장 견학을 가 보는 건 어때?
비밀로 둘러싸인 초콜릿 공장에는
어떤 디저트가 숨어 있을지
상상해 보면서 주인공 찰리를 따라가 보자.

줄거리

《찰리와 초콜릿 공장》은 영국 작가 로알드 달(Roald Dahl)이 1964년에 발표한 이야기다. 로알드 달의 이야기에는 늘 '가장 대담하고, 신나고, 천연덕스럽고, 재미있다'라는 수식어가 붙는다. 《찰리와 초콜릿 공장》 역시 어린이들의 사랑을 받으며 영화로도 만들어졌다.

찰리의 낡고 작은 집 근처에는 윌리 웡카가 소유하고 있는 세상에서 가장 멋진 초콜릿 공장이 있다. 웡카 씨는 초콜릿 제조 기술이 자꾸 밖으로 빠져나가자 공장 문을 닫고 비밀리에 세계 최고의 초콜릿을 생산해 오고 있다. 어느 날, 윌리 웡카는 초콜릿 속에 숨겨진 황금 티켓을 찾아내는 다섯 명에게만 초콜릿 공장 견학 기회를 주는 이벤트를 연다. 식탐 소년 어거스트, 갖고 싶은 건 무조건 조르고 보는 버루카, 껌을 너무 많이 씹는 제멋대로 소녀 바이올렛, 텔레비전에 중독되어 폭력적인 마이크가 기회를 잡는다. 그리고 초콜릿이라고는 1년에 한 번밖에 못 먹는 찰리가 마지막 한 장을 손에 쥐게 된다. 드디어 초콜릿 공장을 견학 가는 날 설렘도 잠시, 찰리를 제외한 나머지 네 명은 평소 못된 습관이 튀어나와 견학 중간에 사고를 당하게 된다. 윌리 웡카가 마지막까지 남은 찰리에게 초콜릿 공장을 물려주겠다고 선언하며 이야기는 끝이 난다.

달콤한 맛 쌉싸름한 역사, 초콜릿

입을 즐겁게 하는 달콤한 음식

월리 윙카의 초콜릿 공장은 대단했어. 초콜릿과 퍼지, 마시멜로, 껌 등을 만들어 내는 방법이 너무 신기하고 환상적이지. 그의 공장에 대해 듣다 보면, 그곳이 공장인지 마법의 세계인지 헷갈릴 정도야.

"그뿐만이 아니란다. 윌리 윙카 씨는 제비꽃 향이 나는 마시멜로랑, 빨아먹으면 10초마다 색깔이 바뀌는 맛있는 캐러멜에다, 입에 넣는 순간 달콤하게 녹아 버리는 작은 깃털처럼 생긴 사탕도 만들어 냈지. 아무리 오래 씹어도 단물이 빠지지 않는 껌과 크게 불었다가 톡 터뜨려서 깨물어 먹는 풍선 사탕도 만들었단다. 까만 점이 박힌 아름다운 파랑새 알도 만들었지. 아무도 모르는 신비한 방법으로 말이야. 이 알은 입에 넣으면 점점 작아지다가 끝에는 아주 작은 분홍빛 새끼 한 마리가 남는단다."

- 《찰리와 초콜릿 공장》 중에서

달콤한 주전부리의 대명사, 사탕은 영어로 캔디(candy)야. 슈거 캔디(sugar candy)의 줄임말이지. 캔디는 아랍어 깐디(qandi)에서 나온 말인데, 깐디는 인도어 '칸투'에서 비롯되었어. 칸투는 '딱딱하게 굳혔다'는 뜻이니까 슈거 캔디는 설탕을 딱딱하게 굳힌 것이라는 말이 돼.

사탕과 비슷하지만 그보다 말랑말랑한 퍼지도 있어. 퍼지는 사탕 반죽에 버터와 바닐라를 넣어서 부드럽게 만든 거야. 먹을 것을 보면 참지 못하는 어거스트가 초콜릿 강을 어슬렁거리다 빠지고 말았던 거 생각나? 어거스트는 초콜릿 강을 따라 관 속으로 빨려 들어가고 결국 퍼지 만드는 방에 떨어지고 말지. 윌리 웡카는 아들을 걱정하는 어거스트 엄마에게, 어거스트 맛 퍼지는 너무 끔찍할 테니 절대 어거스트가 퍼지가 될 일은 없을 거라고 안심시켰어. 포동포동한 어거스트와 말랑말랑한 퍼지가 연결되어, 퍼지를 입에 넣으면 어떤 느낌일지 글로만 봐도 알 것 같아.

초콜릿 공장에서는 제비꽃 향이 나는 마시멜로를 만들었어. 그냥 마시멜로도 뭔가 폭신하고 혀에 감길 것 같아 황홀한데 제비꽃 향이라니 너무 군침 돌게 만들지 뭐야.

마시멜로라는 나무가 있는데 그 나무뿌리에서 즙을 짜면 끈적끈적한 물이 나왔대. 여기에 설탕이나 옥수수 시럽 같은 단 것을 넣어 굳히면 달콤하면서도 폭신한 간식이 되었지. 마시멜로 나무뿌리로 만들었다고 해서 이름도 마시멜로가 되었어. 마시멜로는 꼬챙이에 꽂아 불에 구워 먹기도 해. 아마 캠핑하는 장면에서 종종 보았을 거야. 마시멜로를 불에 살짝 구우면 겉은 바삭하고 속은 사르르 녹는 것이 달콤함이 배가 된단다.

사탕과 마시멜로 말고도 여러 가지 달콤한 간식들이 많아. 태피, 토피 퐁당, 봉봉 등이야. 오른쪽을 봐. 지금 말한 것들로 디저트 식탁을 차린다면 바로 이런 모양이야. 이름도 다르고 만드는 법도 조금씩 다르지만 모두 어찌나 달콤하고 맛난지, 한번 먹으면 계속 먹고 싶어진다는 함정이 있으니 조심해야 해.

DESSERT

태피(Taffy)
설탕액에 밀가루를 넣어 치대고 늘이기를 반복해서 잘라 굳힌 것이야. 쫀득하고 부드럽지.

마시멜로(Marshmallow)
오늘날에는 마시멜로 뿌리즙 대신 젤라틴 가루에 설탕과 물엿을 넣고 끓여. 여기에 계란 흰자로 거품을 만들어 섞은 후 식히면 마시멜로가 돼.

봉봉(Bonbon)
캔디와 비슷하나 겉만 딱딱하게 굳히고 속은 잼처럼 물렁하게 한 사탕이야. 겉을 빨아먹다 보면 속에서 단물이 나오지.

사탕
설탕액이나 옥수수 시럽, 단풍나무 시럽 등을 끓여 식힌 것인데 딱딱하지.

토피(Tofee)
설탕액이나 옥수수 시럽에 베이킹 소다와 식초를 약간 넣어, 살짝만 씹어도 부서지기 쉽게 만든 사탕이야.

퐁당(Fondant)
설탕과 엿을 끓여 식힌 후 치대면 퐁당 반죽이 돼. 이것을 널따랗게 밀어 둥근 빵에 덮어 씌우면 퐁당 케이크가 되지.

초콜릿이 달콤해지기까지

《찰리와 초콜릿 공장》에서 제일 신기한 장면을 꼽으라면 초콜릿 폭포 옆을 지나가는 모습이 아닐까 해.

계곡 양쪽으로는 초록빛 초원이 펼쳐져 있었고, 계곡 사이로 갈색의 강이 거대한 줄기를 이루며 흘러가고 있었다. 무엇보다도 강 허리 쪽에 있는 폭포는 가히 장관이었다. 가파른 절벽에 다다른 강줄기는 한 덩어리로 굽이치다가 아래로 쏟아져 내렸다. 쏟아 내린 물줄기는 펄펄 끓는 듯 거품과 물보라를 일으키며 엄청난 소용돌이를 만들었다.

-《찰리와 초콜릿 공장》 중에서

여기서 갈색의 강이란 초콜릿이 흐르는 강을 말해. 초콜릿 물이 거대한 강

물을 이루고 폭포에서 떨어지는 이 장면은 영화에서도 참 많은 사랑을 받았지.

그 장면은 처음으로 초콜릿을 만들어 먹은 사람들을 떠올리게 해. 다른 대륙과 마찬가지로 수천 년 전 중앙아메리카에서도 '올메카'라는 발달된 문명을 꽃피우고 있었는데, 이들이 바로 그 주인공이야. 그 뒤를 이은 마야 제국 사람들도 초콜릿을 먹었지.

이들이 먹던 초콜릿은 지금처럼 덩어리가 아니라 음료였어. 카카오 콩을 가루로 낸 뒤 뜨거운 물에 타 마셨지. 그냥 타서 마신 게 아니라 가루를 물에 넣고 마구 흔들다가 폭포가 떨어지듯, 높은 곳에서 아래에 놓인 잔에 부어서 만들었어. 왜 그냥 따르지 않고 높은 곳에서 떨어뜨렸냐고? 그래야 제대로 된 초콜릿 맛을 낼 수가 있기 때문이래.

《찰리와 초콜릿 공장》 작가 로알드 달도 아마 그걸 떠올리며 쓰지 않았을까 싶어. 초콜릿이 흐르는 강물 부분을 읽고 있자면, 그 달콤한 냄새가 실제로 나는 것처럼 느껴져서 마치 책 속에 들어와 있는 것만 같아.

그런데 초콜릿이 처음부터 이렇게 달았던 것은 아니야. 사실은 맛이 아주 별로였나 봐. 마야 제국을 이어, 오늘날 멕시코 땅에 아즈텍 제국이 세워졌는데, 1500년대 초에 처음 아메리카 땅에 발을 디딘 스페인 사람들은 이 음료를 대접받으면 조용히 사양했다고 하니까 말이야. 나중에 이탈리아 벤조란 사람이 이걸 맛보고 그랬대. '초콜릿은 사람보다 돼지에게나 어울리는 맛'이라고 말이야.

이유는 초콜릿의 원료인 카카오 가루 자체가 아주 쓰기 때문이야. 우리가 아는 초콜릿 맛은 이 쓴 카카오 가루에 우유와 설탕을 듬뿍 넣어서 달콤하

카카오 콩

지. 아즈텍 사람들은 이 쓴 물에 바닐라와 고춧가루나 겨자 등을 듬뿍 넣어 먹었다고 해. 그러니 그 맛이 어떻겠어? 어떤 맛일지 상상도 못 하겠어. 쓰고 맵고 코가 뻥 뚫리는 맛일까?

나중에서야 스페인 사람들은 카카오 콩과 반죽을 자기 나라로 가져와 즐겼어. 수녀님들이 오랜 연구 끝에 우유와 설탕을 넣는 방법을 개발했거든. 덕분에 초콜릿은 이제 누구나 먹고 싶어 하는 음료가 되었어.

특히 스페인 왕은 그 맛이 매우 흡족했나 봐. 오죽했으면 초콜릿 만드는 방법을 다른 나라에는 절대 알려지지 않도록 비밀에 부쳤으니 말이야. 스페인 왕은 교회 수도사들만 카카오를 다루게 하고, 카카오에 대해 절대 말하지 않겠다는 서약까지 받았다고 해.

맛없다면 모르겠지만 너무 맛있는 거라면 결국 비밀이 새 나가기 마련이지. 수십 년도 못 가 유럽 다른 나라에서도 초콜릿 맛을 알게 되었어. 하지만 워낙 비싸서 아무나 마시진 못했지. 카카오도 비싸지만 같이 타 마시는 설탕이 어마어마하게 귀했기 때문이야. 그래서 초콜릿은 왕이나 귀족들이 마시는 특별한 음료였어. 옛날 유럽 왕이나 귀족들 그림에 초콜릿 마시는 장면이 많이 나오는 이유야.

비싼 데다 누구나 갖고 싶어 하는 것이면 다른 용도로 사용되기 쉬워. 바로 선물이나 뇌물로 쓰이는 거지. 특히 초콜릿이 그랬어. 카카오 반죽은 보기에도 폼 나고 아주 비싸. 또 그 맛을 생각하면 어쩐지 낭만적인 느낌이잖아.

아마 그때부터 초콜릿은 서양 사람들이 무척 좋아하는 선물 중 하나가 되지 않았을까 싶어. 오늘날에도 서양 사람들은 초대받은 집에 갈 때나 고마운 사람에게 가볍게 보답할 때 초콜릿을 선물하곤 해. 이때부터 그런 풍습이 생긴 거지.

쓰임새는 하나 더 있었어. 바로 누군가를 없애고 싶을 때 독으로 사용하는 거야. 당시 귀족이나 왕비들 중에는 의문의 죽음을 당한 사람이 많았어. 과학이 발달하지 않은 때라 정확히 알 수는 없지만 초콜릿을 먹고 난 뒤 죽는 일이 많았다지.

독을 쉽게 탈 수 있었던 이유는 그때까지만 해도 초콜릿이 고체가 아니라 음료였기 때문이야. 초콜릿이 고체로 만들어진 뒤로는 독살이 힘들어졌지. 고체 초콜릿은 19세기가 되서야 등장했어. 그때부터는 초콜릿을 누구나 쉽게 즐길 수 있게 된 거야. 우리가 먹는 초콜릿은 사실 제대로 만들어진 지 얼마 되지 않았단다.

초콜릿을 둘러싼 세계사, 아메리카 정복

귀하디귀한 카카오 콩

마야 제국에서는 초콜릿 원료인 카카오를 귀한 재산으로 여겼어. 집집마다 카카오를 저장해 두었고, 부자일수록 많이 가지고 있었다고 해. 마야 문자를 해독해 보면 카카오 콩 세 개에 호박 하나, 열 개에 토끼 한 마리, 이런 식으로 교환을 했음을 알 수 있단다. 아마도 카카오는 돈의 역할을 했던 것 같아.

아즈텍 제국 사람들도 마야인들처럼 카카오 음료인 초콜릿을 제사나 귀한 손님 접대 등 특별 행사에 썼어. 카카오 음료가 특별한 힘을 준다고도 믿었지.

이들 역시 카카오 콩을 재산으로 여겼어. 그래서인지 가짜 카카오 콩을 만들어 돈으로 사용하기까지 했대. 요즘도 가짜 돈을 만들어 부자가 되려는 사람이 있잖아. 그 옛날에도 오늘날과 같은 범죄를 저지르는 사람이 있었다니 우습지?

유럽인들의 쌉싸름한 아메리카 정복

아즈텍 문명이 한참 번성할 무렵, 유럽 사람들이 아메리카 땅에 첫발을 디뎠어. 콜럼버스와 일행들이었지. 콜럼버스가 아메리카에서 어마어마한 황금을 발견했다는 소식이 들려오자 유럽인들은 흥분했어. 모험 좀 했다는 사람들이 앞다투어 아메리카를 향해 출발했고 모두 눈에 불을 켜고 황금을 찾았어.

아즈텍 제국은 신전을 세우고 도시를 건설하는 기술은 아주 발달해 있었지만 무기는 아직 돌로 만든 창과 나무 방패뿐이었어. 그러니 아즈텍 사람들 눈에 총으로 무장한 유럽 정복자들이 어떻게 보였겠어. 게다가 처음에는 스페인 군인들이 자기네 땅을 정복하러 온 줄 몰랐던 모양이야. 방어하기는

〈아메리카 대륙의 아즈텍 문명과 마야 문명〉

커녕 넙죽 엎드려 절을 했다니 말이야. 자세한 사연은 이래.

아즈텍 전설에 따르면, 언젠가 얼굴이 하얀 케찰코아틀이란 신이 나타나 세상을 행복하게 해 줄 거라고 했대. 그런데 마침 1519년, 스페인 장군인 에르난 코르테스가 군사를 이끌고 아즈텍 제국에 도착했어. 백인인 이들을 보며 아즈텍 사람들은 드디어 전설로만 전해지던 신이 왔다고 생각했던 거야.

아즈텍 사람들은 스페인 군인들을 황제 앞으로 데리고 갔어. 아즈텍 제국 황제인 몬테주마 2세는 황금 잔에 뜨거운 초콜릿을 담아 이들에게 대접했지. 코르테스는 사소한 음료를 황금 잔에 담는 걸 보고 말로만 듣던 황금밭이 여기로구나 했겠지. 황제는 보물 창고를 구경시켜 주겠다며 안내했어. 엄청난 황금을 기대하고 들어간 황제의 보물 창고에는 글쎄 카카오 콩만 가득하지 뭐야. 코르테스는 실망했지.

얼마 후 코르테스는 자기 욕심을 채우기 위해 아즈텍 사람들을 마구 죽이

고 진짜 황금을 찾아 헤맸어. 아즈텍 사람들은 스페인 사람들이 케찰코아틀 신이 아니라는 것을 깨달았지만 그땐 이미 늦었어. 나무 막대기나 돌도끼로 총과 대포를 어떻게 상대하겠어.

스페인 군인들에게는 총 말고도 더 무서운 무기가 있었는데, 바로 천연두라는 전염병이었어. 천연두는 스페인 사람들이 들여온 소가 옮겼다고도 하고, 사람들이 직접 옮겼다고도 하는데 정확한 사실은 알 수 없어. 이 병에 걸리면 고열에 시달리다가 살이 썩어 들어가며 죽는데, 환자 옆에서 숨만 쉬어도 전염될 정도로 강력하고 무서웠어.

스페인 사람들에게는 천연두에 대한 면역력이 있었지만, 외부 사람들과 접촉한 적 없는 아메리카 원주민에게는 이 병균에 대한 저항력이 전혀 없었지. 일단 병이 돌기 시작하자 너나없이 쓰러졌고, 결국 대부분 죽고 말았지. 원주민 중에는 스페인 정복자들의 총에 맞은 것보다 천연두에 걸려 죽은 사람들이 훨씬 많았다고 하니 정말 끔찍하지.

나중에 북아메리카를 정복하려던 영국인들은 이걸 참고해서 천연두 걸린 환자의 담요를 원주민들에게 선물했다고 해. 북아메리카 원주민을 한꺼번에 없애려는 음모였지. 너무나 잔인한 일이지 뭐야.

유럽인들이 들어오면서 아메리카에는 큰 변화가 생겼어. 우선 유럽에서 소, 돼지, 염소, 양, 말 등이 전해졌지. 모두 아메리카에는 없던 가축들이었어. 이 가축들은 아메리카 대륙에서 엄청나게 빠른 속도로 퍼져 나갔어. 그 결과 채소를 주로 먹던 사람들이 육식을 하게 되고, 제 발로 달리던 사람들이 말을 타고 다니게 되었지.

반대로 아메리카 대륙에서 유럽에 전해진 것들은 칠면조, 고추, 옥수수, 감자 그리고 카카오 등이야. 나중에 이것들은 아시아에도 전해졌지. 우리가 고춧가루가 든 매운 김치를 먹고 감자튀김을 먹게 된 것이 결국 이때 벌어진 사건 때문인 거야.

그중에서도 가장 크게 달라진 것은 아메리카 원주민들의 삶이었어. 스페인 정복자들 때문에 이들 중 90퍼센트가 목숨을 잃었어. 살아남은 사람들은 스페인 사람들이 만든 농장에서 강제로 일을 해야 했어. 이렇듯 아메리카에서 초콜릿을 처음 즐겼던 사람들은 대부분 사라지고, 이곳을 정복한 유럽 사람들만 열심히 초콜릿 음료를 마셔 대게 되었지.

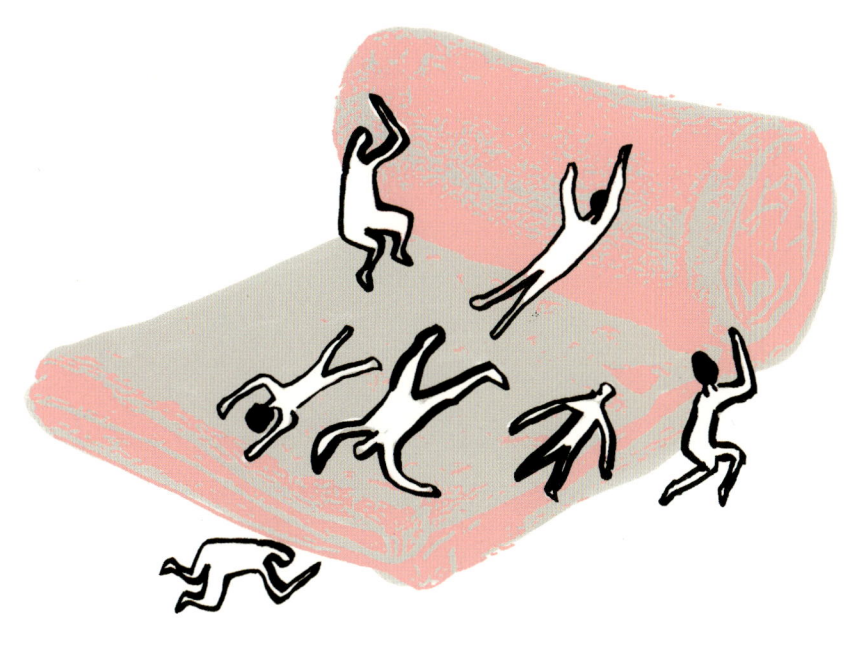

이야기 한 접시 더

너무 달콤한 유혹은 조심해!
《헨젤과 그레텔》과 《나니아 연대기》

　초콜릿이 나온 다른 이야기는 너희들도 잘 알 거야. 그 유명한 《헨젤과 그레텔》 말이야. 헨젤과 그레텔은 아주 오랜 옛날부터 입에서 입으로 전해져 내려오는 독일의 민담이야. 그림 형제는 독일 곳곳을 돌아다니며 들은 이야기를 모두 모아 동화로 다시 썼는데, 그중 하나가 《헨젤과 그레텔》이지.

　새엄마의 꾐으로 산속에 버려진 헨젤과 그레텔 남매는 길을 잃고 헤매다 우연히 집을 발견했어. 그 집은 아이들이라면 한눈에 혹해서 바로 손을 뻗을 수밖에 없도록 지어졌어. 바로 과자로 만든 벽에 초콜릿 지붕, 정말 아이들이 먹고 싶어 하는 것들로 이루어진 집이었지.

　예나 지금이나 초콜릿과 과자는 아이들을 유혹하기 가장 좋은 것이었어. 무슨 음모가 있는지도 모르고 초콜릿에 이끌려 저절로 다가가게 만드니까 말이지.

　새가 지붕에 내려앉았습니다. 그때 어디선가 달콤한 냄새가 솔솔 풍겨 왔습니다. 헨젤과 그레텔은 집 가까이 다가갔습니다. 집은 온통 과자로 만들어져 있었습니다.
　"오빠, 지붕이 온통 초콜릿이야."

　　　　　　　　　　　　　　　　　　　　　　　－《헨젤과 그레텔》 중에서

　《찰리와 초콜릿 공장》에서 초콜릿 좀 마시겠다고 강에 빠지는 어거스트나, 《헨젤과 그레텔》에서 초콜릿 좀 먹자고 마녀의 꾐에 넘어가는 남매나 어찌 그리 닮았는지 모르겠어. 그래서 《찰리와 초콜릿 공장》을 현대판 《헨젤과 그레텔》이라고도 하나 봐.

　닮은 사람이 또 있어. 《나니아 연대기》에 나오는 셋째, 에드먼드야. 나니아는 위대한 사자 아슬란이 세운 마법의 세계야. 옷장을 통해 우연히 이 마법의 세계로 들어선 네 명의 형제자매들이 악의 무리들에게 빼앗길 위기에 처한 나니아를 구한다는 이야기지.

이야기 속에서 악의 우두머리인 하얀 마녀는 에드먼드를 꾀기 위해 터키 젤리를 줬어. 터키 젤리는 설탕이나 꿀과 전분을 섞은 반죽에 장미 향, 레몬즙 등을 넣은 쫄깃한 젤리야. 겉에 하얀 설탕 가루를 뿌려 달콤하기가 이루 말할 수 없어. 에드먼드는 그 자리에서 터키 젤리 한 통을 다 비웠어.

에드먼드는 더 먹고 싶었는데 하얀 마녀는 더 이상 터키 젤리를 주지 않아. 일단 맛만 보여 주고 '더 먹고 싶으면 너희 형제들을 데리고 와라.' 하고 유혹하지. 결국 터키 젤리에 넘어간 에드먼드는 형제들을 배반하고, 나니아를 위험에 처하게 해.

터키 젤리가 얼마나 맛있으면 자기 형제를 하얀 마녀에게 넘겼을까? 생각할수록 그 맛이 더 궁금해지지. 딱 한 번 나오는데도 가장 인상에 남는 장면으로 꼽히는 걸 보면, 보기만 해도 침이 고이게 만드는 터키 젤리 덕분인지도 몰라.

◆ 에필로그

이젠 책을 먹지 않겠어

마지막 책장이 넘겨지고 책은 냄비 속으로 사라졌다. 나도 모르게 흐르던 침을 쓱 닦았다. 다행히 아무도 보지 못했다. 언제 나타났는지 부엌 신이 뒤에 서 있었다. 나는 손바닥을 들어 보이며 맹세하듯 외쳤다.

"이제 알았어요. 됐어요, 다시는 책을 뜯어 먹지 않을게요."

"약속할 수 있느냐?"

"글쎄요? 지금은 그럴 것 같아요. 궁금한 게 다 풀렸거든요. 하지만 다시 궁금한 게 생기면 어쩌죠?"

"그땐 어쩔 수 없지. 또 냄비를 준비해야 하지 않겠니?"

우리의 대화가 끝나갈 무렵 서재 신이 도착했다. 이제 떠나야 할 시간이다. 서재 신은 책을 먹지 않고 소중히 안고만 있는 나를 보고 안도의 미소를 보냈다. 나는 그렇게 서재 신을 따라 도서관으로 돌아왔다.

참고 자료

방원기, 《생활 속의 생화학》, 라이프사이언스, 2011
정호성, 《내 미각을 사로잡는 104가지 치즈 수첩》, 우듬지, 2011
린다 시빌텔로, 이영미 외 옮김, 《음식에 담긴 문화 요리에 담긴 역사》, 대가, 2011
아라후네 요시타카 외, 김나나 외 옮김, 《맛있는 요리에는 과학이 있다》, 홍익출판사, 2018
이영미, 《요리로 만나는 과학 교과서》, 부키, 2004
이향안, 《꼬들꼬들 마법의 세계 음식책》, 조선북스, 2010
에르베 디스, 권수경 옮김, 《냄비와 시험관》, 한승, 2005
장 앙텔므 브리야 사바랭, 홍서연 옮김, 《브리야 사바랭의 미식 예찬》, 르네상스, 2004
맛시오 몬타나리, 주경철 옮김, 《유럽의 음식 문화》, 새물결, 2001
정완상, 《과학공화국 화학법정 9, 음식과 화학》, 자음과 모음, 2008
케네스 벤디너, 남경태 옮김, 《그림으로 본 음식의 문화사》, 예담, 2007
하이드룬 메르클레, 신혜원 옮김, 《식탁 위의 쾌락》, 열대림, 2005
클라우스 E. 뮐러, 조경수 옮김, 《넥타르와 암브로시아》, 안티쿠스, 2007
로버트 L. 월크, 이창희 옮김, 《아인슈타인의 키친 사이언스》, 해냄, 2007
마크 쿨란스키, 박중서 옮김, 《대구》, 알에이치코리아(RHK), 2014
마크 쿨란스키, 이창식 옮김, 《소금》, 세종서적, 2003
찰스 B. 헤이저 2세, 장동현 옮김, 《문명의 씨앗, 음식의 역사》, 가람기획, 2000
캐롤 M. 코니한, 김정희 옮김, 《음식과 몸의 인류학》, 갈무리, 2005
에번 D. G. 프레이저, 앤드루 리마스, 유영훈 옮김, 《음식의 제국》, 알에이치코리아(RHK), 2012
빌 브라이슨, 박중서 옮김, 《거의 모든 사생활의 역사》, 까치, 2011
21세기연구회, 홍성철 옮김, 《진짜 세계사, 음식이 만든 역사》, 쿠켄(베스트홈), 2008
김주희, 《과학 Cook! 문화 Cook! 음식의 세계》, 동아M&B(과학동아북스), 2013
레이 태너힐, 손경희 옮김, 《음식의 역사》, 우물이있는집, 2006
제프 포터, 김정희 옮김, 《괴짜 과학자, 주방에 가다》, 이마고, 2011
권순자 외, 《세계 속의 음식문화》, 교문사, 2017
도현신, 《전쟁이 요리한 음식의 역사》, 시대의창, 2017
로라 B. 와이스, 김현희 옮김, 《아이스크림의 지구사》, 휴머니스트, 2013
앤드류 댈비, 강경이 옮김, 《치즈의 지구사》, 휴머니스트, 2011
사라 모스, 알렉산더 바데녹, 강수정 옮김, 《초콜릿의 지구사》, 휴머니스트, 2012
리틀쿡, 《요리하고 조리하며 배우는 과학》, 북스캔(대교북스캔), 2008
하비 리벤스테인, 김지향 옮김, 《음식 그 두려움의 역사》, 지식트리(조선북스), 2012
쓰지하라 야스오, 이정환 옮김, 《음식, 그 상식을 뒤엎는 역사》, 창해, 2002
앤서니 보뎅, 장성주 옮김, 《쿡스투어》, 컬처그라퍼, 2010
왕런샹, 주영하 옮김, 《중국 음식 문화사》, 민음사, 1995
가와기타 미노루, 장미화 옮김, 《설탕의 세계사》, 좋은책만들기, 2003
백선, 《커피 그리고 설탕 한 스푼》, 발해, 2010
이윤섭, 《커피, 설탕, 차의 세계사》, 필맥, 2013
마크 애론슨, 마리나 부드호스, 설배환 옮김, 《설탕, 세계를 바꾸다》, 검둥소, 2013
시드니 민츠, 김문호 옮김, 《설탕과 권력》, 지호, 1998
김정, 《미생물의 신비, 발효》, 주니어김영사, 2007

장 프랑수아 르벨, 한선혜 옮김, 《뛰어난 맛과 요리솜씨의 역사》, 에디터, 2004
마크 쿨란스키, 이은영 옮김, 《맛의 유혹》, 산해, 2009
페르낭 브로델, 주경철 옮김, 《물질문명과 자본주의 1-1》, 까치, 1995
가일스 밀턴, 손원재 옮김, 《향료 전쟁》, 생각의나무, 2002
하인리히 에두아르트 야콥, 곽명단, 임지원 옮김, 《육천 년 빵의 역사》, 우물이있는집, 2019
필립 지글러, 한은경 옮김, 《흑사병》, 한길사, 2003
다카히라 나루미, 채다인 옮김, 《도해 식문화의 역사》, AK(에이케이)커뮤니케이션즈, 2013
노명환 외, 《서양 사람들은 어떻게 살았을까》, 푸른역사, 2012
Hannah Glasse, 《The Art of Cookery Made Plain and Easy》, Dover Publications, 2018
제임스 설터, 케이 설터, 권은정 옮김, 《위대한 한 스푼》, 문예당, 2010
홍익희, 《하얀 황금, 소금의 경제사》, 유페이퍼, 2012
김영복, 《한국 음식의 뿌리를 찾아서》, 백산출판사, 2008
주경철 외, 《근대 유럽의 형성, 16-18세기》, 까치, 2011

다큐멘터리

히스토리채널 〈맛있는 현대 문명〉
　　　　　　〈혀끝으로 만나는 중국〉
　　　　　　〈맛있는 현대 문명, 4부작〉
KBS 〈누들 로드 6부작〉
　　 〈슈퍼피쉬〉
MBC 〈스파이스 루트 2부작〉
　　　〈요리보고 세계보고〉
　　　〈맛있는 아시아 5부작〉
EBS 〈세계 테마 기행, 맛의 대륙 중국, 4부작〉
Q채널 〈아시아 푸드 스토리 8부작〉

원문 인용

아스트리드 린드그렌, 햇살과나무꾼 옮김, 《내 이름은 삐삐 롱스타킹》, 시공주니어, 2017
　　　　　　　　　　　　　　　　　《삐삐는 어른이 되기 싫어》, 시공주니어, 2017
오트프리트 프로이슬러, 김경연 옮김, 《왕도둑 호첸플로츠》, 비룡소, 1998
　　　　　　　　　　　　　　　　《호첸플로츠 다시 나타나다》, 비룡소, 1998
　　　　　　　　　　　　　　　　《호첸플로츠 또 다시 나타나다》, 비룡소, 1998
크리스치안 슈트리히 엮음, 김재혁 옮김, 〈게으름뱅이의 천국 이야기〉, 《세계의 동화》, 현대문학, 2005
로알드 달, 지혜연 옮김, 《찰리와 초콜릿 공장》, 시공주니어, 2004

1판 1쇄 2019년 6월 28일

글 | 손주현
그림 | 이희은

펴낸이 | 류종필
편집 | 장이린
마케팅 | 김연일, 김유리

책임편집 | 고양이
디자인 | Studio Marzan 김성미

펴낸곳 | (주)도서출판 책과함께
주소 | 서울시 마포구 동교로 70 소와소빌딩 2층
전화 | 02-335-1982 팩스 | 02-335-1316
전자우편 | prpub@hanmail.net
블로그 | blog.naver.com/prpub
등록 | 2003년 4월 3일 제25100-2003-392호

이 책의 저작권은 지은이 손주현과 그린이 이희은, (주)도서출판 책과함께에 있습니다.
이 책의 내용을 이용하려면 저작권자와 출판사에게 모두 서면동의를 받아야 합니다.
잘못된 책은 구입하신 서점에서 바꾸어 드립니다.

이 도서의 국립중앙도서관 출판시 도서목록(CIP)은
서지정보유통지원시스템 홈페이지(http://seoji.go.kr)와
국가자료공동목록시스템(http://www.nl.go.kr/kolisnet)에서
이용하실 수 있습니다. (CIP제어번호: CIP2019020784)

ISBN 979-11-88990-37-5 73900

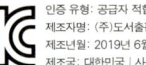